唤醒孩子的人格自信

尚宗奎 著

北方文艺出版社

图书在版编目（CIP）数据

唤醒孩子的人格自信 / 尚宗奎著 . -- 哈尔滨：北方文艺出版社，2020.8
　　ISBN 978-7-5317-4744-4

Ⅰ.①唤… Ⅱ.①尚… Ⅲ.①家庭教育 Ⅳ.①G78

中国版本图书馆 CIP 数据核字 (2020) 第 112472 号

唤 醒 孩 子 的 人 格 自 信
HUANXING HAIZI DE RENGE ZIXIN

作　　者 / 尚宗奎			
责任编辑 / 路　嵩		装帧设计 / 树上微出版	
出版发行 / 北方文艺出版社		邮　编 / 150090	
发行电话 / (0451) 86825533		经　销 / 新华书店	
地　　址 / 哈尔滨市南岗区宣庆小区 1 号楼		网　址 / www.bfwy.com	
印　　刷 / 武汉市卓源印务有限公司		开　本 / 880×1230　1/32	
字　　数 / 193 千		印　张 / 8	
版　　次 / 2020 年 8 月第 1 版		印　次 / 2020 年 8 月第 1 次印刷	
书　　号 / ISBN 978-7-5317-4744-4		定　价 / 48.00 元	

家教歌

天地之间一精灵，百岁人生短路程；人生如同交响曲，
喜怒哀乐于一身，心中不快莫怨天，命苦反省自己人；
诞生健康生命体，细胞受精要先行；千金买得一时欢，
聪明一世谢终身，世人都说神仙好，唯有智者永留名；
有穷有富活到老，命运面对所有人，言论此歌能醒世，
警醒世间糊涂人；人人都怀坦诚心，胜过念佛万般灵；
万事求佛不可信，要靠科学生效应，开拓进取聪明人，
故步自封终身贫；别人坐轿我走路，后面还有推车人；
好花难有百日红，世事如棋局局新，从零起步不为晚，
白纸正好绘美景；笨鸟先飞不为傲，天才关键于勤奋；
读书之乐无诀窍，收获必须苦耕耘，语带玄机要悟透，
细嚼慢咽味才真；佛祖真会开玩笑，八十一难才归真；
人生涉世学问多，谨记箴言七字经；屋檐之下要和睦，
和谐花开满园春；营造家庭好环境，博学多才大器成；
道德智慧是根基，学识渊博可修身；韬光养晦最平安，
藏锋露拙能保身；生命穷期日日少，此生不可有来生；
人生不过三万天，成败荣辱莫惦念，是非恩怨无须记，
健康快乐最值钱；人生道路本不平，幸福感觉自体验；
自古人生苦无度，看得高远境如仙，愿你不为繁事忧，
心情愉快每一天；花前月下哼小调，保健养生须趁早；
若问此歌谁人作，尚奎总结请你听。

——编者

编者的话

《唤醒孩子的人格自信》汲取个人的读书笔记和经验，整合而成。该书部分内容来源于电视台科教节目，也有笔者的思考总结，分上、下两篇，上篇是"家长课堂"，下篇是"教育漫话"。

在当今社会，怎样教育孩子已成为人们探讨的一个话题。但什么样的教育方法比较直接有效，却又是人们苦苦思考的一个问题。针对这种情况，我编写了此书，为的是办一个"纸上的育人学校"，使人们尽享教育的妙招。

假若你还没有找到培育孩子的方法，那么，你还是翻翻这本书，看一看高手如何为你支招。你只要能慢读、精读、细想、做练习，不会叫你失望。读后你的思想就可能升华，你和孩子的人生就可能发生转折。本书提供的理论、思路、原则和技巧，在一定程度上很有效，适合各个年龄段的孩子，即：家教通法。我坚信这种肯定个人尊严和人性的亲子沟通方法，一定会遍地开花，改变成千上万个家庭。本书适合慢慢读、反复读，不要跳过阅读去做练习，如果能和其他家长交流更好。

书中部分篇章详细介绍了有关学习教育、亲子教育的技巧和修身做人等方面的知识，令人百读不厌。书中的知识涉及面广，但都浅显易懂，可供不同文化层次的读者阅读。

在编写过程中，我对已知的资料做了加工和改造，去伪存真，去粗取精。在此谨向为我提供材料的听课家长们表示感谢！

有些科学知识无法联系到原文的作者，敬请谅解和支持。由于编者少学文雅，难免于俗，敬请读者斧正。

书中许多内容如学习方法、生命教育、人生教育等，实属个人所悟，并且在教育实践中得到验证，可以作为读者汲取的营养。有些文字不一定切合时宜，需要读者加以变通，参考应用。本书内容与日常生活十分贴近，接地气，通俗易懂。因此，此书在手，教育有好帮手。

《唤醒孩子的人格自信》从教育心理学角度讲了100多种培养、教育孩子的方法、技巧，都具有很强的可操作性、知识性、实效性、趣味性、可读性。教育孩子和改变孩子命运的方法全在书中，一看就懂，一学就会，只要按本书说的去做，培养健康聪明孩子不是梦。教育成功了，家长就放心了，父母做对了，孩子才优秀。

健康、聪明不是上天照顾了谁，赐给了谁家孩子一个好脑袋，而是父母的早期教育和科学养育。父母的教育水平决定着孩子的成败，培养健康、聪明儿童的诀窍和捷径就在父母脚下。

《唤醒孩子的人格自信》以大众教育为本，了解孩子心理，避免伤害，传承文化。在传承优秀文化的同时，积极传播适合新时代、新生活、新生命成长的法则和知识，使中华民族传统文化得到弘扬。

——编者

目 录

家长课堂

第一课　教育心法·真真赞美 3

　第一节　赞美的方式 4
　第二节　赞美的性质 10
　第三节　赞美的技巧 14
　第四节　反馈、问题和建议 18

第二课　家教通法·回应感受 24

　第一节　潜意识开脑法的来龙去脉 24
　第二节　帮助孩子面对感受的技巧 27
　第三节　帮助孩子面对感受究竟怎么办 36
　第四节　问题、注意事项和家长故事 41

第三课　家教通法·勉励合作 43

　第一节　勉励孩子和我们合作离不开教育 43
　第二节　孩子不配合我们的十个原因 45
　第三节　勉励孩子和我们合作的技巧 48
　第四节　勉励合作常见的问题 51
　第五节　建议和家长故事 53

第四课　家教通法·替代惩罚 60

第一节　反省过程非常重要 60
第二节　替代惩罚的七个技巧 63
第三节　家长如何表达自己的生气 68
第四节　注意事项及常见问题 70

第五课　家教通法·鞭策自立 75

第一节　重要目标、鞭策自立 75
第二节　鞭策自立的七个技巧 77
第三节　建议和家长故事 81

第六课　家教通法·释放角色 87

第一节　把孩子从负面角色中释放出来 87
第二节　如何看待孩子、影响他们的行为 89
第三节　释放负面角色的五个技巧 91
第四节　为了什么和家长故事 96

第七课　家教通法·融会贯通 102

第一节　精彩继续、技巧归宗 102
第二节　技巧补充、融会贯通 104
第三节　爱的技巧与实践 110

第八课　家教通法·集中记忆 ... 121

第一节　集中记忆的方法 ... 122
第二节　集中记忆的窍门 ... 124
第三节　集中脑部的潜能 ... 125
第四节　集中优势"兵力"、提高学习能力 ... 127

教育漫话

第一部分　生命教育 ... 133

唤醒孩子的自信 ... 133
培养孩子自信的性格 ... 135
要正确地看待孩子的勇敢 ... 136
孩子没有"自制力"应该怎么办 ... 137
孩子看电视、玩网络游戏上瘾了应该怎么办 ... 138
孩子不爱学习、作业拖拉应该怎么办 ... 139
孩子厌学应该怎么办 ... 141
孩子犯错误了应该怎么办 ... 142
应该如何教会孩子高效率地学习 ... 142
应该怎样避免溺爱孩子 ... 143
孩子如何才能高效率地出成绩 ... 144
高智商的孩子应该怎么培养 ... 145
应该如何引导孩子成才 ... 146
教育孩子珍惜"三日诗" ... 147
教育孩子注意安全 ... 147

教育孩子心理探秘 148
教育孩子应避免的误区 152
教育孩子要因材施教 154
父母是孩子的第一任老师 155
家教箴言 156
要珍惜孩子的心灵 157

第二部分　学习教育 159

怎样写好作文 159
坚持写日记 159
语文学习法 160
数学学习法 161
学生学习好的五个学习环节 162
培养孩子养成良好的学习习惯 163
过目不忘的记忆法 164
记忆增强术 166
增强记忆的22要素 168
增强记忆的必要条件 168
教孩子读书的窍门 168
劝学名言 170
读书的比喻 172
教育孩子学习我国历代的神童 173

第三部分　早期教育 178

少儿生活禁忌 178
保护新生儿要点 180

早教与玩耍 181
幼儿早期教育的重要性 182
应该怎样对孩子进行早期阅读教育 183
孩子语言学习的关键期是1～3岁 183
少儿长高在春天、夜晚 184
宝宝1～2岁的行为特点 185
宝宝2～3岁的行为特点 185
培养宝宝良好的文明礼貌习惯 186
名人教子 186
4～5岁的孩子培养目标是什么 187
如何开发儿童脑潜能 189
怎样让宝宝的大脑更聪明 190
怎样培养智力超常的儿童 191
什么叫智商 192
怎样提高孩子的智商 193
重点培养孩子的注意力 193
留心培养孩子的观察力 195
不要束缚孩子的想象力 195
卓越思维引领孩子的未来 196

第四部分　人生教育 197

什么叫非智力 197
情商的培养 198
教育孩子人生以何为贵 199
教育孩子交际场合常用语 199
教育孩子交友的称谓 200

教育孩子生命贵在启程 201
教育孩子心情愉快每一天 202
教育孩子应当做好五件事 203
教育孩子应如何取得成功 204
为人处世的基本原则 206
交友格言 207
要树立信心做事 208
要富有创新精神做事 208
要用积极的态度做事 210
要用理智的态度做事 213
要用乐观的态度做事 214
处事要有风度 217
说到就要做到 219
体会五味的人生 220
对名利要平和 221
做人的风度 222
交友的风度 223
办事、用人都要有智慧 224
做事要讲道义 225
要把握时机做事 227
做事要积累经验 228

第五部分 家庭幸福 231

家庭和睦使孩子有成长的机会 231
和睦家庭的标准是什么 232
夫妻关系十要 232
幸福的家庭 233

家庭关系破裂的原因......................234
生男生女都一样..........................234
男女各有一片天..........................235
编后赠言：育儿歌........................235

老师的话................................237

家长课堂

传统的家庭教育方式已经不适应现代社会,"只生不养"的思想观念应该得到彻底纠正。父母既然给了孩子生命,就应该好好培养教育,把孩子潜在的能力挖掘出来,好好保护,成就孩子一生。

第一课 教育心法·真真赞美

课程目标：1. 了解赞美的意义和作用。
2. 掌握赞美的方式和技巧。
3. 学会用赞美与孩子沟通。

课程重点：赞美的技巧。

课程难点：日念一好，描述性的赞美。

课程理念：怎么说才肯听，怎样听才肯说、才肯做。

课程对象：本课多适合3～15岁的孩子。做练习时建议你写下答案，不要跳过练习，如果能和其他家长交流更好。

授课开始：向家长微笑、招手致意、深鞠躬。

导入语：各位家长朋友，你们好！今天的课程是"真真赞美"，我高兴地与大家分享"赞美"一词，如果你能够认真听，将会给今天的你带来瑞气。"瑞气"就是祥瑞之气。听到最后，谁答对5个问题，赠书一本。

课程介绍：课程目标、课程重难点、课程理念。

互动：请两位朋友上来，说一句、听一句赞美的话。

说了赞美话的人，谈谈你的感受。

听了赞美话的人，谈谈你的感受。

分享：是不是你二人心里都舒服，感觉不错吧？说的人、听的人都没生气吧。说的人在学习、欣赏，听的人喜不自胜，心存感激之情。所以，我们的孩子也是如此，需要你赞美。你只要学会用赞美与孩子沟通，你的孩子就听话，就会成功。你赞美得好，他心情就好，听得就好，想得就好，做得就好。假如早上你骂孩子一句，他一天心情就糟糕，一天学习积极性就差。

妙语：赞美得好，心情就好，听得就好，想得就好，做得就好。

心理学告诉我们：自尊的心理，每一个人都有，愿意分享成功的快乐，获得一种满足感，这种满足是人本身共有的，是生命的自然反映（清楚自己）。

妙语：天底下只有一种方式可以使人心甘情愿地听你教导，那就是，表现真诚的赞美、欣赏和鼓励。做到这点的人便可掌握世界。你们说对吗？

第一节 赞美的方式

赞美有四种方式：第一种叫廉价赞美，第二种叫愚蠢的赞美，第三种叫一般赞美，第四种叫真正赞美。我们要尽量用后两种方式赞美孩子，尽可能地避免廉价赞美，不用缺心眼的赞美。

廉价赞美就是带有明显目的和功利的赞美，给人戴高帽子，说好听的话。廉价嘛，就是便宜，不费脑筋地去说嘴边上的奉承话，哄人开心。比如夸孩子听话，想叫孩子按照你的意图走，"真乖"就是廉价赞美，孩子不知道自己怎么乖了。家长明明是在表扬自己的"期望"，而不是孩子的行为。我们表扬的目的是想让孩子重复某种好行为，而不是讨好孩子，孩子不知道怎样做才是对的，通过赞美，才能明白。看来，表扬孩子，首先要考虑表扬孩子什么。"你好"这种问候式的赞美，大家都在说，它能维持社会平衡，协调人际关系，满足人们的愿望。谎言赞美同样也有这个效果，也是人们想要的。像"丽丽，我爱你"，你不要把这话当真，礼貌上的客套话是大家公认的谎言赞美。一个人一生不知要说多少句谎言赞美才能活下来，善意的、无关紧要的谎言赞美是残酷生活所必需的。称呼赞美如"尚教授"，我只是个老师啊，不是教授，抬高了。还有期望赞美，如"祝你生日快乐"，等等。

赞美有时有效果，有时是没有用的。作为家长，如果你的心不到位，表扬不及时、不具体，甚至张冠李戴，你不是真真赞美孩子，而是在戏弄你的孩子，你所谓的表扬是口是心非、敷衍了事，孩子听了起一身鸡皮疙瘩，有什么用？比如夸孩子"你最聪明了，无人能比"，这是愚蠢的赞美，言过其实，不经思考，没有价值。又如"你考100分，班上有几个100分？"或者说"这次100分，下次要再考100分"，这不是愚蠢吗！再如"你的发型好好看啊"，实际上你内心不喜欢，故意讨好，这是虚伪赞美。愚蠢的赞美，有时候容易招来祸事，对方认为你是说反话、嘲笑他，就可能发生争执。

一般赞美是在孩子取得成功的时候，对孩子的鼓励和表扬，这种赞美能起到锦上添花的作用。因为孩子已经成功了，即使你不赞美，成功本身也会给他带来喜乐。

例如：一个小朋友摔倒了，爬不起来就哭了，另一个小朋友跑过去把他扶起来，帮他拍净身上的泥土，把小朋友送回家。妈妈说："你把小朋友扶起来送回家，这叫爱心！"这种表扬具体及时，培养了孩子助人为乐的行为，锦上添花，给他留下的深刻印象是："啊，爱心就是帮助别人，以后就继续这样做吧。"

给孩子贴上了"爱心"标签，他的灵魂深处就留下了"爱心"的印痕，以后对人就有爱心，就愿意去充当有爱心的"角色"。看来，赞美孩子要学会贴正面标签。

标签法：走进超市，商品都有标签，按标签售卖。"角色"就是演员扮演的人物。我们现在把这两个概念转嫁过来，给孩子贴上正面标签，孩子就会按标签扮演角色、做事。把孩子的优点写在红纸条上，贴在墙上，办一个"星级栏"，并订一个记事薄挂在边上，写上事件、时间。就这么简单，关键是学习、运用。赞美得好，孩子就会心甘情愿地去做。记事薄要反映孩子的特别时刻，对他以后也有帮助，留个美好的回忆。我们懂爱、懂情，还一定要懂得怎样表达自己的感情。你怎样表扬孩子，孩子就怎样去做。武则天少时被先生贴上了"皇帝"的标签，晚年真的就做了皇帝。

有的父母经常好给孩子贴负面标签，如在亲戚家吃饭的时候，孩子没吃菜，别人一问，父母就贴上"他比较挑食"的负面标签向人解释；当客人和孩子说话时，他把脸转过去，别人一问，就贴上"他有点害羞"的负面标签向人解释。孩子会把父母说的话记在心里。妈妈说我挑食、害羞，我最好还是按她说的去做。

我们应该怎么说才能让孩子从一个角色中释放出来，撕下那个负面标签，不让孩子陷入挑食、害羞的角色？挑食、害羞的角色是不利于孩子成长的。

角色释放：一个非常实用的万能短语就是"等他准备好"。像上面的情形，可以这样解释："他还没准备吃菜"，"他还没想好怎么说"或者"等他准备好了，就行了"。孩子为什么有时候不愿意与父母说话？就是因为父母没有把孩子从角色中释放出来。如果你说"他准备好的时候，会愿意和我说的"，他也许会说着、笑着回应你。以前他不说话，你不知给他贴上了多少"不说话"的负面标签，甚至，你当着他的面向人表明他不说话，他想"那我就不说呗"，错在家长给孩子贴上了负面标签。

真正赞美是在孩子失败的时候、跌倒的时候、受挫折的时候、疑问的时候、错误的时候，你送上赞美，那叫雪中送炭，送去了温暖，送去了希望，送去了祝福，使他鼓足勇气，增添信心。当孩子犯错误的时候，我们总能从错误中看到光明，找到亮点。孩子也不想出错呀，生命都是天然向上的，若拿错误去打击孩子，就毁灭了他的自信。赞美能点燃自信、毁灭自卑。我们要尽量为孩子"点灯"，而不是"挖坑"，去照亮他前进的旅程。

如果孩子犯错误了，得到的只是指责，就是在进步的台阶上倒退了一步！

妙语：赞美能点燃自信、毁灭自卑。赞美是生命中最高贵的精华，是生活中最美丽的花朵。

模拟演示：孩子说："妈，我这次考试倒数第一。"请三位家长应答，让孩子分别说说心里的感受。

讲授：家长都从"下次考好"的角度安慰，忘记了"赞美"，又给了孩子压力，使用了"暴力"语言。你这样对他说："孩子，你现在心情是不是很糟糕？想跟妈妈说说吗？"孩子"嗯"了一声。妈妈接着说："你能把这个消息告诉妈，这叫作'虚心'，说明你想进步，我满意。"贴上了"虚心"的标签。孩子暗想："妈懂我，这次就是计算失误了一点，以后可要仔细、努力学习。"或者，你看卷子，找优点……孩子想逃避妈妈的指责，如果得到的就是指责，孩子怎么想？"我错了，你骂了，我们俩扯平了。我还是错，我不会改正的，也不会听你的，太伤心了。"一个不懂生命的家长，小孩子不知要被冤枉哭多少次。孩子错了，你告诉他应该怎么做，不要说"我是为你将来好"，孩子的将来不是你所担心的那个结果。比尔·盖茨在给他妈妈的贺年卡中写道："妈妈，我爱你，你从来不说我比别的孩子差，鼓励我一生奋斗，我怀念和你在一起的时光。"可见，我们的孩子需要鼓励，需要鞭策。让"打是亲，骂是爱"见鬼去吧！

互动：请一位家长谈谈体会。

我的体会是，有的孩子在家里得不到赞美，受到轻视，想摆脱在家里的待遇，愿意在外面世界里去接受挑战，享受别人的赞美。有些家长认为一家人不必赞美、客气，把赞美的话省掉算了。这是不对的。每一个人都有自尊的心理，都愿意分享成功的快乐，获得一种满足感。所以，教育人要考虑对方的感情、感受。不赞美他，他怎么可能有积极性呢？

也有的孩子在家里得到了赞美，但怀疑自己的能力，害怕父母说的缺乏真实性，害怕挑战，也要到外面去试试。

结论：不管怎么说，在家里得到赞美的孩子，总比那些得不到赞美的孩子的自我感觉更好，更能产生自信和自尊，更乐于接受生活的挑战，更愿意为自己设立较高的目标。有了赞赏就产生了动力，孩子就会不停地学下去、干下去。

一个人对自己的评价将直接影响他是否有积极心态，还会影响他的思维方式、行为方式、情绪和人生目标。真真赞美对孩子能产生深远影响，他能把赞美储存在内心深处。一次赞美，影响一生，能为他今后战胜困难、获得成功奠定基石。

既然自尊这么重要，那么家长该怎么做呢？答案肯定是"赞美孩子"。但是，赞美是需要谨慎的。有时善意的赞美会招致意想不到的反应。下面我们来练习一下，在假定的情况下的4种赞美。

情形1，孩子做了米饭。父母说："你真会做饭！"

互动：说说孩子内心的感受。

评价性的赞美：孩子除了感觉不错外，内心可能还有如下反应："我真会做饭吗？还是父母说假话？""难道就没有不足之处？""还是想叫我以后做饭？"赞美让人产生怀疑。

描述性的赞美："我看见你自己动手做饭，洗米、添水、插电，做了这么多事，多不容易啊。"比较评价和描述的效果、感受有什么不同。

情形2，孩子自己脱下脏衣服，穿上干净衣服。父母说："你穿上真好看！"

互动：说说孩子内心的感受。

评价性的赞美：孩子除了感觉不错外，内心可能还有如下反应："好看吗？""现在好看，难道刚才就不好看吗？"赞赏让人否认。

描述性的赞美："我看见你换上运动服，拉链也拉好了，穿好了鞋，这叫整洁。"

情形3，孩子一口气做完作业才吃饭。父母说："真棒！"

互动：说说孩子内心的感受。

评价性的赞美：孩子除了感觉不错外，内心可能还有如下反应："我下次也这样做吗？""父母咋不检查一下对错表个态呢？""如果是错的，下次也应付吗？"赞赏给人带来了压力。

描述性的赞美："看来最近你在功课上下了不少功夫，我注意到你的作业有老师的批语，说你能独立思考，按时交作业。"比较评价和描述的效果、感受有什么不同。

情形4，孩子不会玩某个新玩具，玩了很长时间后才找到窍门。父母说："你玩得不错啊！"

互动：说说孩子内心的感受。

评价性的赞美：孩子除了感觉不错外，内心可能还有如下反应："我玩得不够好，刚才真有点紧张，差点没玩好。"赞赏使人关注自己的弱项。

上面4例评价性的赞美是无益的，孩子听了不能善待自己。如果我们改用描述性的赞美，孩子听了也能赞赏自己。下面的练习你要认真做做。

情景演示：孩子第一次自己穿好衣服，站在你面前，希望引起你的注意。

评价性的赞美：……　孩子怎么想：……
描述性的赞美：……　孩子怎么想：……

第二节　赞美的性质

赞美的对抗性：赞美孩子有时候会遭到拒绝。如孩子画了一幅漫画，拿给妈妈看，说："我画得好吗？"答："多好的一幅漫画啊！"孩子接着说："我不相信，怎么好了？"答："太幽默太漂亮了！"孩子又说："你说的是假话，你根本不喜欢。"孩子得到了赞美却根本不领情。可见，评价事物的词语要尽量避免"挺好、真美、太妙"，这类词使人听了有不舒服、不可信的感觉，认为是奉承话、戴高帽子。

赞美的深刻性：赞美孩子，我们必须尝试用"描述性的赞美"，就是真真赞美，效果要好一些。像上面的例子，可以这样说："你画一个圈又一个圈，画一个拐弯又一个拐弯，画一条线又一条线，你咋想到这样画？有进步。"贴上了"咋想到"的标签。通过家长描述性的赞美之后，孩子就有了成就感，同时也学会了欣赏自己，坚定信心，从而取得成功。

又比如，孩子收拾了自己的房间。赞美说"走进这间屋子，感觉很整洁、很舒服"。贴上了感受的"整洁"标签；或者描述性地说"我看到这屋子有很多变化，笔放到文具盒里，地下的东西也都捡起来了，其他东西摆放也都很有条理"，贴上了看到的"有条理"的标签。孩子想："只要我认真，会收拾得更好。"可见，描述性的赞美确实能激发孩子的思维、热情。

"……我高兴，我喜欢"类的句式是感受赞美，表明了说赞美话的人的喜悦心情，描述内心感受，肯定对方、赞美对方。只要是深刻赞美，对方就有成就感。如"你收拾了自己的房间，真整洁，我高兴"。评价性的赞美容易让人产生怀疑。如"你收拾了自己的房间，是个好孩子"。孩子想："我没那么好，只是把玩具塞在床底下了。"

描述性的赞美是有益的，孩子也可以从中学到写作文的方法。孩子的许多知识都是从父母那里学来的：一是父母直接教导，二是孩子直接模仿，三是来自父母对周围事物的评价方式。父母是孩子的榜样，孩子是父母的镜子，父母的一言一行都深深地刻在孩子的脑海里。父母的赞美方式影响孩子的思维方式、行为方式、情绪和人生目标。要通过生活经常训练孩子，给孩子提供学习机会。

描述改变人的行为有三个过程：（1）开始试着说话描述；（2）开始分析细节问题；（3）开始细致地解决问题。如果经历了这三个过程，就算一个人描述成功了。

如果你描述性地说，孩子也模仿描述性地说，妈妈改变了，孩子也跟着改变。就形式上来说，感受赞美和描述性的赞美虽然都是深刻赞美，但感受赞美只让孩子有成就感，改变行为的方法没有描述性的赞美效果好。比较二者，我喜欢描述性的赞美。描述性的赞美是人真真在想、在看、在思考的过程。

赞美的敏捷性：描述性的赞美还可以灵活运用，家长根据孩子的行为描述之后，让孩子把赞美的行为总结为一个词。

例如"尽管你吃饭好掉下饭粒，但今天你努力吃了个精光，这叫作什么？"孩子回答道："这个叫决心。"（毅力、恒心、自制力、坚持等词都可以。）

上面这个例子反过来，先说一个词，让孩子在吃饭方面造句。比如：决心。孩子造句"我决心吃饭光盘子"。照这样下去，可根据孩子的行为表现，在哪方面出现问题，就在哪方面给词造句，引导孩子说出许多句子，借以纠正孩子各方面的不良行为，形成潜意识。（请家长试说几例。）

通过变通地运用"描述性的赞赏"，一问一答，有"一箭三雕"的效应。一是赞美了孩子，提高了他的自信和自尊，也纠正了他某些方面的不良行为；二是提高了他学习的兴趣，也学到了语文知识;三是开发了智力,培养了他思考问题、分析问题、解决问题的能力。

赞美的选择性:鼓励和赞美孩子有时有效果,有时是没用的。赞美是把双刃剑,一定要选择性地运用。家长一定要明白你要表扬什么。

(1)如果你想让孩子继续做某件事情就去赞美,不想让他做就不去赞美。比如:你不想让他爬高,就不要说"你爬得不错"。尽管你看到他爬得很好,也不要理他。

(2)赞美要适合孩子的年龄和能力,不要过度,期望值过高,可能会打击孩子完成事情的积极性。也有这样的孩子,经得起批评,但经不起夸奖。夸奖不能过分、过多。父亲要多表扬孩子,一个父亲胜过100个教师。如15岁的孩子刷牙就不必赞美,表扬他他会感到是一种羞辱。过多地表扬孩子,可能适得其反。

(3)赞美要及时、具体,肯定过程,赞美结果。一定要让孩子明白在做事过程中最对的细节。错过时机,效果欠佳、印象不深。赞美如同日月山水,是人类共同的资产,要选择性地开发利用。

(4)赞美要避免讲他过去的弱点和失误,不能揭疮疤、较劲。如"我没想到这次数学考试你居然及格了"。

(5)赞美要避免"好极了""真了不起""太美了"等评价性的简单用语。

参考用语:"我真为你感到骄傲!""我就知道你肯定行!""有你这样的女儿,我感到幸福!""我看见你就高兴!""做得好,我满意!""我赞成!我佩服!"

请记住:简单用语必须以"我"字开头。描述看到的或者感受到的兴奋心情。

妙语:恰如其分的赞美甚至能影响孩子一生,这个资本是谁也夺不去的，能为他今后战胜挫折、获得成功奠定基石。

对上级赞美是本领，对下级赞美是鼓励，对孩子赞美是慈爱，对平辈赞美是和善，对所有人赞美是幸福！

有时候孩子做了事，他需要炫耀，他期待着你的赞美，愿意共同分享他成功的快乐，这就是"炫耀的心理"。有时候是什么时候？就是孩子获得成就的时候。

炫耀是自卑的心理，表现欲是人人都有的。为什么要炫耀呢？人在成长过程中崇拜偶像，如果自己觉得差距大，就会试图以炫耀来弥补。比如把自己知道的独家秘密向母亲炫耀，以博得母亲的欢心，母亲要了解用意，赞美一句。

怎样才能知道我们的赞美有效果呢？这就需要懂得"笑口连心的心理"。

笑口连心的心理——从笑声中了解孩子。如果你教育成功，孩子的笑声从腹腔中发出"嗯嗯"；如果是"哼哼"的笑声，说明你的赞美他感到惊讶，出乎他的意料；如果他笑而不张口，则是认为你只说对了一半，不服气；如果他张口大笑，则说明你文不对题；如果是"呵呵呵"的笑声，是掩饰内心的牢骚或身体疲倦；如果是"嘿嘿嘿"的笑声，是对你的赞美或指责轻蔑或心有不安；如果脸笑而眼睛没笑是假笑，是莫名其妙的笑，可能嘲笑自己或嘲笑对方，或许是充满妄想意味的笑；爽朗的笑声是愉快；"嗤嗤"的笑声是冷漠的笑。

接受赞美的心理——赞美如果不符合对方的心理，会成为对方的耳边风。所以，赞美应该从了解对方开始，才能使自己的意见符合对方的需求。如果接受赞美，他会看你一眼，或者笑一下，或者与你对话，没有反应的人很少。你在揣摩孩子，孩子也在观察你，看你的赞美是否真诚。

妙语：有时候孩子做了事，他需要炫耀，他期待你的赞美，愿意分享他成功的快乐。

互动：试着把你听课的感受总结一下。

提示：从意义、作用、技巧、方式几个方面总结。

意义：在家里得到赞美的孩子，总比那些得不到赞美的孩子的自我感觉更好，更能产生自信和自尊，更乐于接受生活的挑战，更愿意为自己设立较高的目标。有了赞美就产出了动力，孩子就会学下去、干下去。

作用：赞赏能影响孩子是否有积极心态，还会影响他的思维方式、行为方式、情绪和人生目标，提升他的能力。恰如其分的赞美甚至能影响孩子一生，这个资本是谁也夺不去的，能为他今后战胜挫折、获得成功奠定基石。

互动：回忆小时候父母的一次赞美对我们一生的影响。

赞美有四种方式：廉价的赞美，愚蠢的赞美，一般的赞美，真正的赞美。真正的赞美相当于描述性的赞美，值得尝试、学习。如果一件事确实好，你看到了，感受也深刻，没有描述，但是，你是发自内心地评价赞美，对方也认可，只能是一般赞美。评价性的赞美不是真正的赞美。

第三节　赞美的技巧

技巧一：描述你所看到的。

如"我看到地板干净、床平整、书摆放整齐"。

技巧二：描述你所感受的。

如"走进这间屋子我感觉很舒服、很整洁"。

技巧三：把赞美孩子的行为总结成一个词，贴上正面标签。

如"地板干净、床平整、书摆放整齐这就叫整洁"。孩子感到"噢，这就叫整洁，以后就这样做！"

描述性的儿童诗歌如"鹅，鹅，鹅，曲项向天歌。白毛浮绿水，红掌拨清波"。写白鹅在水中游动的情景，贴切形象，画面逼真，清新优美,百读不厌。《咏鹅》诗乃是千古绝唱的描述性儿童诗歌。朗读时可领孩子到河边看白鹅游动的情景,体验描述的效果。

指导孩子仿《咏鹅》作《咏狗》:狗,狗,狗,尾巴夹着走。主人一声吼,出守必有护。

大人用描述性话语赞赏看到的,孩子听了这样的描述,就能赞美自己,同时考虑修正自己,更加严格要求自己。下面的例子就进一步说明用描述代替评价的效果。

评价性的赞美:"你这篇作文写得真不错。"孩子想:"她真这么认为吗?"

描述性的赞美:"你描写'鹰扇动着巨大的翅膀'这句话我喜欢。"孩子心里想:"我还能写诗,我决定明天写一首关于鹰的诗给你看。"

练习1,孩子表演结束来到你面前问"我演得好吗"?

评价性的赞美:……　　孩子怎么想:……

描述性的赞美:……　　孩子怎么想:……

练习2,孩子稍有进步,按时完成了作业。

评价性的赞美:……　　孩子怎么想:……

描述性的赞美:……　　孩子怎么想:……

练习3,把下面的赞美语言总结为一个词。

(1)你已经做了很长时间的作业,这叫作____;

(2)你说5点回家,现在正好5点,这叫作____;

(3)你看见花蔫了,就去浇水,这叫作____;

(4)尽管你想看电视,但还是先做了作业,这叫作____;

(5)有人嘲笑你朋友,你维护他,这叫作____。

作业1. 我最近想赞美孩子,但还没有对孩子说,今天说出来。

作业2. 用描述性的语言去赞美孩子积极进步的一次表现。

作业3. 请你用描述性的语言赞美今天听课的感受。

作业4. 你如何用赞美与孩子沟通?举例说明。

作业 5. 根据孩子的情况，有针对性地给下面的词语造句：信心、克服、责任。

我们的口号是：张开我的嘴，去说赞美话！（宣誓）

日念一好：每天至少说一句肯定对方或者赞美对方的话，如晚上说："今天辛苦了，晚安！"每天一分钟，坚持说赞美孩子的话。

儿歌：爱我你就欣赏我，爱我你就夸夸我，爱我你就表扬我，爱我你就赞美我，爱我你就教教我！

精彩继续

1. 我们面临的挑战是，当批评的话脱口而出的时候如何转化为赞美。对于一个正在犯错的孩子，可以用幽默赞美，指出他的错误。如他正在撕书，你说："这是你自己想到的，哇，你知道哪里错了？"他脸一红，停止撕书。或者你可以说："哇，你是怎么了"？或者"书是看的，不是撕的！"用这样的句式代替指责。记住"哇"字开头或者"啊"字开头，《新华字典》里第一个字就是"啊"，人生下来第一声是"哇"，这两个"第一"都表示一种"惊讶"的意思。又如，冬天孩子怕冷不起床，你说："热得很，直冒汗。"说反话，表达天热，缓和他怕冷的情绪，叫孩子多念几遍，念着念着他就会高兴地起床了。你现在开始赞美，孩子就能现在开始改变。你只要描述你看到的或者感受到的就行了。就这么简单，关键是学习、运用。赞美得好，孩子就会停止犯错。请你记住，不贴负面标签，要贴正面标签。如前面贴的"爱心""虚心""决心""热心"等标签。这需要长久练习。

上面说的可概括为"情景转移法"，就是让你避开易使你发火的情景，把心情调整过来再开口说话。转移技术就是说赞美话。

例如：一个不满 3 岁的孩子正在饶有兴致地摆弄电器，父亲担心他触电，厉声说："不要再弄！"孩子听了哭了起来。妈问："咋啦？"孩子答："爸爸让我不要再弄。"

你们说孩子为什么哭？只要想一下就能明白，这是孩子自尊心的表现，你不能伤害，要转化为赞美。请你思考一下，父亲应该怎么说？母亲应该怎么回答？

2. 对待孩子，我们都是批评得快，表扬得慢，赞美好行为都并不容易马上说出来，现在要把这个顺序颠倒过来。孩子的自尊心非常宝贵，他从外部世界难以得到赞美，我们的义务就是肯定孩子"做对"的事情，但外面的人却经常告诉孩子做错的地方，指责你的孩子。

赞美孩子要掌握句式"如果怎么怎么做，我会很高兴"。他真的会按你说的去做，不信你试试，这叫提前赞美。外面的人不会说"高兴"，只会叫他做什么。如果孩子真的按你说的做了，你就要描述性地赞美，他下次就会按你描述的去做。如吃饭的时候说"你如果把饭吃干净，我会很高兴"，他会努力吃完。吃罢饭你说："现在如果有人帮我收拾餐桌，我会谢谢他。"前面说了"高兴"，后面就要说"谢谢"，如果你再说一次高兴，他会说："你高兴我不高兴。"如果你用此法不灵，就要考虑是哪里出了问题，是场景问题还是你没考虑孩子的心情，是语气问题还是表情、暗示问题。

日常生活中，你经常告诉孩子怎么做你会高兴，怎么做你会生气，他肯定会按你高兴的标准去做。

妙语：好孩子是家庭通过表扬、鼓励培养出来的优秀"产品"。因为孩子体验了成功的快乐后更想成功。

17

第四节　反馈、问题和建议

反馈

家长朋友，我们都对孩子有同样的爱，我们都愿意把最好的奉献给孩子。提供的赞美方式和技巧，在一定程度上很有效。许多家长听了课纷纷打电话致谢，并反馈建议和问题，总愿意分享他们运用赞美技巧的经历。我坚信这种表扬、鼓励人性的亲子沟通方法一定会遍地开花，改变成千上万个家庭，好孩子都靠表扬。下面看家长们怎么说：

一次讲课，有一个10岁的女孩听课，当晚她家吃蒸面，看到高高一盘子蒸面，她高兴地说："哇，像小山一样。"妈妈说："你听了老师讲的'哇'和'描述'，就立即运用，这叫立竿见影。"我走的时候家长把我送到门外说："她平时不爱说话、内向，今天变了。"这位妈妈也学用结合，不当着孩子的面贴负面标签。

一位妈妈打电话说："我试了提前赞美，灵极了，我女儿以前从不帮我做家务，这次按你说的，她真的收拾了餐桌又去洗碗，还夸奖我变了，谢谢尚老师。"

又一位妈妈说："我儿子9岁，以前我说话他老是不理，听了你的标签法，我改变态度说，听老师说你上课发言积极、大胆，可我说话你不理，准备好了告诉我，我哪里错了，妈改正。"他说："你好啰唆。"我听他开口了，内心真高兴。

一位爸爸说："早上，我没喊她，她自己起床、洗漱、上学，我夸她这种行为叫自立。星期天，我们多睡了一会儿，她先起来却没吵醒我们，我问她这叫什么，她回答：'我知道什么叫控制力。'我发现，我描述性地说话，她也跟着描述问题。"

教育心法·真真赞美

一个老师说:"有个孩子患有多动症,一个月交 3 次作业都难,我用描述性的语言指出他的进步之后,又照你说的跟他说,不交作业是你自己想出来的?哇,你知道哪里错了吗?你想想,准备好了告诉我。"之后他真的交了作业。以后,我经常表扬他,他不好意思了,就交作业了。

有个干部说:"我的同事说我儿子最近变化大,问是啥原因,亲子关系是怎么改善的?我说听了真真赞美的课程,用描述性的语言赞美孩子的变化,谢谢你。"

听了家长们的反馈,听着赞美给家庭带来的改变,我内心也很高兴。

问题

1. 我正在学习描述性的赞美,但有时候仍会脱口而出"太棒了""好极了"之类的话,怎么办?

虽然说了,但他能听出你的热情,随后补上"描述"就行了。你一定要懂得,评价性的赞美容易被拒绝,对方会产生不舒服的感觉。

2. 孩子本来该做的事怎么赞美?

告诉你对他行为的感受就行了。如"按时回家我高兴"。

建议

有人说,"为什么不用'好极了、太棒了'这种自然、简单的评价方式,它们也能表达我内心的惊喜,赞美孩子。描述性的赞美多别扭,说着多困难。"是啊,我开始对描述性的赞美也怀疑过,但多次实验证明,评价性的赞美没有描述性的赞美效果好。还是应该努力去尝试,起先要严格要求,几次之后,你会发现孩子开始变化。用评价性的赞美没有变化,原因就是评价性的赞美是描述你的心情,而不是描述孩子的行为。你要坚信,新方法一定会效果显著。当你看到孩子越来越了解和认可自己能力的时候,就会给你继续坚持的动力,这的确需要克服困难,去努力实现。

19

我在一群孩子身上做过一个实验，发给每个孩子一块糖，希望他们在半个小时内坚持不要吃掉，如果谁能坚持到最后，奖赏两块糖，结果有人熬不住吃掉了那块糖。多年以后，创出一番事业的全是当年那些坚持等待的孩子，一事无成的多是先吃掉糖的孩子。如果你想让孩子有一个美好的明天，那你现在就要坚持学习、坚持描述性的赞美。学习就像烧水，坚持下去才能把水烧开。

其实，习惯描述性的赞美也很简单，只要描述你看到的或者感受到的就行了。才开始有点难，因为你已经练习了评价性的赞美很长时间，现在要来练习描述性的赞美了。

例如："你把爷爷电话记得多清楚，帮我联系上了，真是用心了。"孩子咧嘴一笑说："我聪明吧，以后有啥事问我，我是个靠得住的孩子。"如果用评价性的赞美"你真了不起"。孩子只是感觉不错，却没有继续发挥自己才能的意思。

我喜欢描述性的赞美，是因为它切实可行。它是一个真真在看、在听、在感受事物的过程，日复一日地对孩子进行细微描述，就能不断地增加他们内心的力量，激励他们发现问题、集中注意力观察事物，能让他们主动、灵活、守时、负责任，也能让他们写出感人诗篇。

例如第一次走进孩子收拾过的房间，不告诉他床单两边要一样齐，只是描述性地赞美之后，第二次走进房间，就能发现床单两边一样齐了。看来，只要描述孩子做对的地方，他就会想办法提高自己。你描述性地赞美了孩子做得好的一个方面，他就会在这方面做得更好。

比如他写的字不尽如人意，但你还是描述性地赞美其中几个字写得认真、工整、结构正确。几个星期下来，就会发现他进步很大，在你的描述性的赞美之下，他找到了写好字的感觉。

练习1，想一想，孩子做了哪些事情值得赞美，对比赞美之后的表现。

评价性的赞美：……
孩子怎么想：……　　赞美之后的表现：……
描述性的赞美：……
孩子怎么想：……　　赞美之后的表现：……
练习2，谈一谈，你对描述性的赞美技巧的体会。
练习3，说一说，你对赞美有什么看法或者你有什么新技巧。

爱的技巧与实践

一位妈妈说："我把以前'你怎么做，我给你买玩具'，改为'你怎么做我会很高兴'，孩子如果真的做了，我就用描述的方式赞美她。一次，我告诉她，如果她热情招待爷爷，我会高兴。周末，爷爷来到家，她十分热情。爷爷离开后，我对她说：'爷爷这次来你让他很开心，你给他糖吃，给他讲故事，给他说笑话，还给他炒菜，这叫好客'，她听了以后很兴奋。"

她的体会是，以前的方式，孩子得到了奖赏，只会瞬间高兴，下次爷爷来我不得不又买新的玩具，不买她就不对爷爷热情，而描述性的赞赏之后，她会为自己的表现而感到高兴，且下次对爷爷更热情。

一位爸爸说："孩子告诉我公交卡丢了，我的第一感觉就是指责他粗心，但我马上想到赞美，我说，'你好好想想，公交卡你已经保管三年了，这么长的时间里，你都是很小心的'。他说：'我也这么想，可是已经丢了，等我有了新的公交卡以后，我把它放到钱包里'。"

他的体会是，在孩子做错事的时候，不去责骂，而是提醒他们以前值得赞美的行为，就能鞭策他们。就是说在最不可能赞美的时候也要赞美。

又一位妈妈说：我的"孩子12岁，缺少自信，我最近倾听她的感受，不给她建议，而是给她很多赞美。一次她对我说：'老师在班上挑剔我，老是批评我，对我不好'。我说：'你想怎么办'？她说：'我想去找校长，又怕老师对我使坏，我觉得真难过，该怎么办？'我说：'对！'她又说：'不，我不能这样，我想让妈妈明天和我一起去学校。'我说：'我觉得你已经成熟了，可以应对这样的事情了，我相信你会想出办法的。'第二天，她告诉我，她去了校长办公室，校长夸她有勇气找他，校长还说他觉得学生知道有事需要找他，让他很高兴。我说，你完全是自己处理了这个难题呀。她高兴地跳起来说：'耶！'"

她的体会是，描述性地赞美孩子的另外一个好处是更能激励她想办法去解决问题。

又一位爸爸说："我儿子丢了手机，本来我要责怪他，但想到赞美，而且自己也丢过东西，心里也非常难过，我就用描述式赞美说：'这部手机你已经保管很多年了，从来没丢，不管在家里，还是在学校、旅途、商场都随身带着，想到这一点，也够神奇了！'他说：'我上午还在银行发短信，我去看看，是不是丢在那里。'回来后他对我说：'是保安拾到的，给了我，我以后带手机的时候再也不穿这条兜浅的短裤了。'"

他的体会是，在孩子情绪低落的时候，批评会打击孩子，用描述性的语言赞美之后，可以给他增添力量去应对出现的问题，同时也给孩子树立了榜样，在需要帮助的时候，彼此支持而不是相互攻击，出现问题要想办法解决问题，而不是埋怨、批评和指责。家长认为批评是为孩子好，而他们往往并不领情，必须要用赞美去覆盖"创伤"。

讲后赠言：见卷首心语《家教歌》。

赠书活动：回答问题，你知道本课

（1）有哪几条法则？

（2）有哪几条结论？

（3）有哪几种赞美方式？

（4）有哪几条心理学知识？

（5）有哪几条妙语？
（6）赞赏的选择性是什么？
（7）赞赏有哪些性质？
（8）你如何用赞美与孩子沟通？举例说明。
（9）课程的目标是什么？
（10）课程的理念是什么？

第二课 家教通法·回应感受

课程目标：1. 了解潜意识开脑法的来龙去脉。
2. 掌握回应感受的技巧。
3. 学会用材料与孩子沟通。

课程重点：家教通法的结构，回应孩子的感受。

课程难点：打开天窗说亮话，帮助孩子面对感受。

课程对象：本课适应 3～15 岁的孩子。做练习时建议你要写下答案，不要跳过练习题目，如果能和其他家长交流更好。

导入语：今天分享"家教通法·回应感受"。如果你能够认真听，听到最后，谁答对 5 个问题，赠书一本。好不好？

复习提问：谈谈你对赞美的感受及运用。

家教通法结构如下：

开脑三句话：你想怎么办？你能怎么样？你决定怎么做？即：想一想、看一看、做一做。它的意义在于：怎么说，孩子才肯听；怎么听，孩子才肯说、才肯做。简单、幽默、科学，先启动孩子的思维系统进入工作状态。

赞美三部曲：看到的＋感受的＝赞美。它的意义在于：赞美、鼓励、调动孩子的积极性，配合教育活动。

行为三要求：每天至少说一句赞美对方的话，每天至少以手洗面一次，每天至少做一件好事。它的意义在于：维持教育成果，让孩子形成习惯、收获成功。

第一节 潜意识开脑法的来龙去脉

接纳孩子的感受，首先要清楚孩子是什么感受。认同他的感受，有时候可能妨碍孩子对自己行为的反思；回应感受，是帮助孩子面对感受。所以，必须懂得开脑法，把孩子的感受引到如何处理问题上来。

潜意识，就是不知不觉地接受、照做，是人们培养的一种不需思考与决断的自动反应机制，即习惯。例如听到"今年过年不收礼"，马上会想到"收礼只收脑白金"。因为在脑海里已储存了后半句，所以自然就能很快地说出来。

开脑，就是开动脑筋。每个人在说错话、做错事的时候，就是因为之前没有好好地开动脑筋。人的大脑就像一部电脑，储存的信息一旦触动，就会立刻爆发。我们只要在孩子的大脑里事先储存信息，遇到事情，他就会按存储的信息去执行。很多时候，我们的孩子错得不明不白，因为，他的大脑里没有存储某种正确信息，没有思考，不假思索地做出傻事。孩子不是有意的，这不能怪孩子，是我们的教育出了问题。开发儿童脑潜力，就要从简单做起，形成习惯，养成一生用脑的潜意识。我从"鸡蛋突破法"中得到启示，发明此法，去打开孩子的脑门，从内因上解决问题，激活脑细胞，把脑潜能挖掘出来。

潜意识开脑法，就是习惯性地开动脑筋。注意这里用了个"开"字，说明原来有个门，在关着，现在要把它打开。如何开呢？方法是什么？打个比方，鸡蛋从外向里给力叫打破，若给以适宜的温度孵出小鸡，让小鸡从里向外给力叫突破。打开孩子的脑门，既要靠外力又要靠内力，形成合力才能打开，就像大门一样，外面的人开锁，里面的人推开。开脑法需要父母和孩子共同来完成。大门一个人能开，但"脑门"至少需要两个人才能开，才有效果，才有作用。方法是你指着自己的头笑着问孩子"这是什么？干什么用"？这个方法很有效，不信你试试看。

大脑是人体的中枢，是司令部。我们谈话用嘴，走路靠腿，思维靠脑，无论干什么、说什么都要靠大脑发出指令。只要我们教育孩子养成用脑的习惯，孩子的教育就有希望了。怎么做呢？我教你三句话："你想怎么办？""你能怎么样？""你决定怎么做？"以此来训练孩子用脑。这个方法非常简单且又很有效果，科学就是简单的学问和行为。

当碰到孩子说错话或做错事时，你就重复这个方法，从心理学上来说，一般人都能兑现自己的承诺。这个方法用活了，可以解决家教中的许多问题。

例如：在孩子说脏话、粗话时，父母要冷静、不愤怒，平心静气地问："那是啥意思？你想怎么办？"孩子会幡然醒悟。

小方法，大智慧，用活了就是诸葛亮再生。孩子一旦形成了用脑的习惯，大脑被激活，提高了抗压能力就不会厌学，孩子醒着在用脑，做梦在用脑，无论遇到任何事情都会用脑。教育孩子时时用脑，一生用脑，千万次重复小方法，孩子就聪明了。脑越用越活，说不定将来孩子会成为大科学家和诗人。

模拟演示：请4位家长，应答下面问题：孩子说不想上学了，孩子说要揍老师，孩子说上课想打瞌睡，孩子说要洗澡。

否定式："不是这样的，你内心还想上学。你决定怎么做？"孩子终于说出不想上学的原因是"作业没做，怕罚站"。

同感式："我也有这样的经历呀，老师不给我面子，当着全班的面批评我。你能怎么样？"因为你说出了孩子内心的实话，他放弃了报复。

肯定式："上课打瞌睡是不行的，要克制，一个人如果没有自制力的话，这辈子还有什么戏？瞌睡时，做健脑操就能克服，你还能怎么样？"孩子心里想："说得对呀，今后我要学会克制自己。"

回应式："是的，人要有主见，身上脏了，就要自己洗。你决定怎么做？"孩子心里想："是啊！我要增强自我意识，学会爱护自己。"

开脑法三句话十分重要，问法、表情、声调不同，则效果不同。如"你怎么回来晚了？"改为"你怎样才能早点回来？"这样问，就能启动孩子的思维机制，下次想办法早点回来，也没有责备的意思。"怎么"与"怎样"只有一字之差，效果相反。我们了解孩子的心理，对回应孩子的感受大有帮助。

"倔强孩子"的行为表现在说话不看别人脸。应对这样的孩子，沟通教育时让他看你鼻尖，让他读懂你的表情，克服他目空一切的心理。犟的人，理直气壮，具有极强的自信心，也有内心深处的惶恐，一方面骄傲，另一方面生怕别人超越自己。对于这种人，你不妨以更傲慢的态度相对，装作不在意他傲慢的模样，或用更高的人去压制他。孩子如果有这种心理，可因势利导，鼓励他更上一层楼。

自我吹嘘的人的表现为：你说东他说西，你说左他说右。吹嘘自己如何能干，坚持自己的想法、做法是正确的，试图说服别人。家长碰到这样的孩子，切勿诋毁他，应加以抬举，如说："听老师说你最近表现不错。"如果你刺激他，他会显露出隐藏在内心的反抗。

一接触对方的眼睛就悄然移开，视线朝下，是怯弱的表现；视线左右移动，是拒绝的表示；笔直的视线，是敌对的表示；朝上的视线，是自信的表现；视线略微上扬，处于恍惚状态，有较高的欲望，但目的模糊；眼睛发亮，视线朝正面注视，说明非常关心，也有警戒心；眯起眼睛似乎合上眼皮，视线朝下是注意力分散，不想听你讲下去。

第二节 帮助孩子面对感受的技巧

家长不要以自己的感受去判断孩子的感受。如，孩子说："这儿好热。"妈说："这儿冷，快穿衣服。"孩子又说："不，我热。"妈说："我说过了，冷，快穿衣服。"孩子又坚持说：

"不，我热。"我们看看，母女二人的对话演变成了争吵。为一个琐碎小事，闹得不和气。

面对孩子的感受，我们应站在孩子的角度，理解他们的感受，帮助他们。假设我们就是那个感觉热的孩子，会是什么样？我们和孩子是两个独立的个体，有着不同的感知系统，都有各自的真实感受，没有对错之分。如果妈妈说"我觉得冷，但你觉得热"，或者说"是有点热"，那个时候，我们和孩子的争吵就减少了。

感受没有对错之分，所有的感受都是可以被接纳的，但孩子的行为必须受到限制。孩子的感受被接纳了，他们才开始集中精力改变自己的情绪和行为。在接纳感受的基础上进行沟通，就能产生镇静的效果，如果你用"安静下来，住口"等表达方式沟通，只能激起孩子的怒火。而接纳孩子的感受后沟通，往往能起到安抚效果，也能神奇地改变孩子的情绪，并能解决问题。看下面的例子：

女儿说："李老师今天在体育课上骂我。"

"哦。"

"她向我大叫'不应该那样打球'，我怎么知道那样是哪样？"

"她冲你嚷嚷，让你生气了？"

"她让我很不开心。"

"无缘无故地冲你吼叫，是让人生气的，你觉得她不应该对你吼叫，是吗？"

"我简直气得要哭了，真想把球扔了，不过我现在知道应该怎么打球来让她满意了……"

说着说着孩子笑起来了。如果你说"你一定做错了，老师才对你吼的"，或者"住口，不能说老师坏话"等，孩子的情绪不会好转。

结论：孩子的内心感受是什么样的，我们懂吗？了解吗？想一想，当我们受到伤害的时候，也不愿意听别人的建议、大道理或者看法，那样只能让我们的感觉更差。

像上面，在这个时候，孩子会听话地去穿衣服吗？许多时候，孩子不听话，都源于家长，要么要求过高，要么强迫做事，要么必须按照我说的去干。如果我们倾听孩子的心声，与他产生"共情"，就能帮助孩子面对感受、解决问题。但是，我们不是天生就会说"共情"语言的，因为它不属于"母语"。我们每个人，在自己的成长过程中，都有感受被否定的经历。为了我们能接纳产生共情的"新语言"，就要改变说话方式，巧妙地说上面讲的"三句话"，就能启动孩子的思维机制。我们需学习，操练，掌握共情语言的技巧。下面介绍几种方法，看能否帮助你，去帮助孩子面对感受。

面对感受的技巧（4个）：

第一个技巧是：专心倾听孩子说出心里感受。

让他讲完，不建议，不打断，只要专心倾听他说的感受就能帮助他，他说着说着自己就能说出解决问题的办法，只要看着他说就比你说更有效。

例如，"爸爸，哥哥打我了……你说我算了，还是还手……你猜怎么着？我从现在起要和哥哥好好玩。"

如果你心不在焉地听，会让他感到气馁，不会说"算了"。家长如果能真正倾听孩子的叙述，孩子就容易表达他面临的困境。

第二个技巧是：用"哦""嗯""是这样啊"等来回应孩子的感受，就能安慰他。

简单的话就能让孩子整理自己的思路和感受，从而找到解决问题的办法。

例如，女儿说："妈妈，有人偷了我橡皮。"

"哦。"

"已经是第三次了。"

"噢。"

"我上课的时候还在用。"

"嗯。"

"从现在起下课的时候，我把橡皮放在课桌里面就不会被偷了。"

当你提问或者建议的时候，孩子就很难有清晰的思路和积极的态度去想问题。

反例："妈妈，有人偷了我橡皮。"

"你确认不是自己丢的？"

"确认，我上课的时候还在用。"

"谁让你乱放，我告诉你多少遍了，东西用罢要放在课桌里面，你就是做不到。"

"别烦我了，我知道了。"

第三个技巧是：用幻想的方式，实现孩子的愿望。

如孩子说："妈，我要吃脆饼。"妈说："真希望咱家现在能有。"女儿接着说："有的话我现在就能吃到。"妈说："听得出你很想吃了。"孩子回答道："是啊，那我现在只能将就吃点早餐饼了。"

有时候，孩子对一样东西的渴望心情一旦得到了理解，就能比较容易地接受现实。当你解释没有的时候，孩子不会听，可能是越解释越不听，孩子要求你做到。像上面的例子她可能会提出叫你去买。看下面的回答。

"妈，我要吃脆饼。"

"家里没有。"

"我就要，我不管。"

"你吃点早餐饼也行。"

"我就要吃脆饼，不想吃别的，你去买。"

第四个技巧是：你说出孩子的感受。

例如，女儿说："妈，我的好朋友小狗死了。"

"失去'朋友'是挺难过的。"

"昨晚我还和它在一起玩游戏。"

"你们在一起挺开心的。"

"我还每天给它喂食。"

"看样子，你挺关心它的。"

父母通过这样的对答，孩子心里感到安慰，会感觉到你能理解他的感受。不要怕说出孩子的感受他会难过。

如果否定孩子的感受，不接纳，孩子只会更难过。

如"妈，我的好朋友小狗死了。"

"死了算了，别难过。"（孩子反而哭起来了。）

"别哭了，不就是一只狗吗，我再给你买只。"

"不，我就要这只狗。"

"你真是无理取闹。"

把以上4个技巧抄下来，贴在家里显眼的地方，会对你帮助很大。

模拟演示：请4位家长应答下面的问题。

问题1：爸爸，老师说我了。

孩子的感受是：____ 你的反应是：____

问题2：妈妈，小红偷了我铅笔。

孩子的感受是：____ 你的反应是：____

问题3：爷爷，我要吃蒸饺。

孩子的感受是：____ 你的反应是：____

问题4：奶奶，我养的花死了。

孩子的感受是：____ 你的反应是：____

结论 我们已经了解了帮助孩子摆脱"感受苦恼"的4个技巧，其实，比语言技巧更关键的是我们的态度。如果我们没有和孩子产生"共情",那么无论你说什么,在孩子眼里都是虚伪的,他认为你是想操控他。只有真真与孩子有了"共情",才能打动孩子的内心。

我们必须懂得达尔文的"自然选择",将解决问题的大权交给孩子。只有听取他们的选择,才有利于解决问题。"开脑法三句话"就体现了这个理念,你要细嚼慢咽,认真领会。自然生命都有自然选择的自由。

例如,孩子说:"妈妈,我不想写作业了。"

妈妈可能的回答是"那就不写",或者问为什么,或者说"你累了",或者说"那你做啥",或者说"那你看会儿电视",或者说"来帮我洗菜"。这些话净是安慰和建议,没有把解决问题的权利交给孩子,忘记了我讲的三句话。如果你说"你决定怎么做"?孩子可能笑着说"我知道怎么做了,我去做健脑操,让大脑告诉我怎么做"。这句话提醒了孩子,没有建议孩子如何去做,也没有安慰,孩子就想到了解决问题的办法。

一句"怎么做",孩子就感到了自我价值,感到被重视,感到你在尊重他的意见,他有自己选择的自由。这就把选择权交给了孩子,让他选择符合自己想法的那个做法,找到了解决问题的方法。这样做,只是回应了孩子的感受,就对孩子帮助很大,何乐而不为呢?

模拟演示:下面是孩子的叙述,请你从叙述中找出表达孩子感受的词语,并用一句话说出孩子的感受。

情形1:孩子说:"今天老师对我大吼,全班的人都笑。"
表达感受的词语是:
一句话是:

情形2:孩子说:"我搞不懂老师为啥布置这么多作业,简直把我累垮了。"
表达感受的词语是:

一句话是：

结论：让孩子知道你理解他的感受并不是一件容易的事。你安慰的话，能使他们的情绪得到缓解，可面对问题，一个词、一句话能让他深深思考，你要想好，不急着说才行。孩子需要他们的感受被接纳和尊重。

原则：理解孩子的感受，不光是理解情绪，还要理解怎么解决问题。可见理解孩子的感受有两个层次：一是情绪，二是怎么办。

法则：有时候，你只要倾听孩子的感受，接纳他们的感受，他们说着说着也能说出解决问题的办法。

打开天窗说亮话，让孩子说出内心的感受非常重要。一旦孩子说出了感受，并意识到他们自己正在经历什么感受，体会到父母正在面对他们的感受时，他们便开始着手帮助自己。我们要树立自信心，唤醒孩子的自信，孩子才能克服困难、勇往直前。

妙语：每个人身上都存在着自己不知道的巨大潜能，这种潜能叫自信，一旦唤醒它，它所散发出的能量是人们不可想象的。当你有了天才的感觉，你就可能会成为天才；当你有了英雄的感觉，你就可能成为英雄。

想一想，当一个人的感受被忽略，内心会是什么样的？看下面的练习，请你认真做一做。

1. 否定感受。"没什么，你可能是累了才郁闷的，笑一笑。"
你的反应是：

2. 讲大道理。"生活就是这样，充满艰辛，你要坚强。"
你的反应是：

3. 给出建议。"我告诉你怎么做，你应该打起精神。"
你的反应是：

4. 过分同情。"你真可怜，……我都为你难过、流泪。"

你的反应是：

当一个人的感受被忽略时，不愿意听别人的看法或者大道理、建议或者过分同情。你的话只能让他感到厌烦、多余、恶心。

回应感受是一个挑战，理论和实践存在着差距。例如：

1. 孩子表达的感受出乎意料。在商场孩子看着游戏车不走，妈说："你也去玩。"他说："我才不，没意思。"妈又说："游戏车很愚蠢，是吗？"他说："就是嘛！"但结果他还是去玩了。玩罢了说："妈你理解我。"说明人都爱面子，想玩，不好意思说。

2. 情绪激动。孩子失望，号啕大哭。画一个泪流满面的漫画（眼泪要大），眼泪掉下来形成水坑，在水坑外面画一滴大大的泪珠，写上"伤心""呜呜呜"等字样，问孩子这画的是怎么，然后实现他的愿望，否则，他什么也不会去做了。

3. 肚子饿了，易哭闹。你说饭过5分钟就好了，结果孩子会哭得更厉害。采用符合情绪的语调"5分钟时间太长了，饿死了，我要快点吃饭"，边说边打地板。孩子会"咯咯咯"地笑起来说"妈你好傻呀"。夸张的做法，改变了孩子的情绪。

4. 用幻想的方式应对情绪。孩子哭着要吃面包，你用戏剧性的声音对他说"宝宝，你知道妈最希望什么吗"？他问"是什么"？你环顾四周，惊讶地说"妈找到了，我发现了盆子大的一个面包"，他高兴起来说"在哪？那太好了"。你说"面包在画上"。危机过去了。一个人渴望得到某种东西，哪怕是"画饼充饥""望梅止渴"也行。

5. 提供选择可以让情绪好转。孩子喜欢穿运动鞋上学，可是湿了，她哭了。妈说："噢，真是不好，你想穿运动鞋结果湿了，太让人失望了，真希望现在能把它弄干，鞋放在暖气上，回家后就干了。那我们现在怎么办？你想穿蓝色的鞋，还是紫色的鞋？"如果妈妈回应："孩子，我知道你很失望，但那双湿了，穿这双。"这话也有理解孩子感受的意思,但话里又有"冷静"的意思,孩子情绪不一定能好转。

6. "接纳感受"与"去除感受"不同,不要去问发生了什么事情,可以简单地说:"看起来你很伤心。"或者"有事情让你不开心、害怕?"或者"看起来你挺难过。"这样的表达,可以帮助孩子放松,让他自由地分享自己的情绪,有一种安慰作用。如果我们说"你为什么伤心"?他会对自己的情绪有所隐藏。我们只要等他想说的时候表示理解,就能让他得到安慰。就是"只接纳不提问",这是技巧、技术。在孩子哭闹的时候,陪伴在他身边,回应他的感受,不向他提问,也是最好的安慰。

7. 两种感受。让孩子知道他可以有两种感受,这有利于成长。如"在我看来,你对弟弟有两种感受,有时候你觉得他挺好玩,看见他高兴;有时候你想他走开,不喜欢他,是吗"?

8. 认真倾听孩子的感受,只要简单地"嗯"一声,就能让他说个不停,倒出一切,起到安抚效果,改变他的情绪。若用"住口"或者"安静"等词,可能会激怒孩子。大家是否注意到,让孩子知道你理解他的感受并不是一件容易的事。我们不会很自然地说出"孩子,你好像很生气",或者"对你来说一定很失望",或者"听起来你有些讨厌",或者"这太让你感到泄气了",或者"现在看来你挺难过"等回应句式。请记住即使在你安慰之后,也要给孩子建议,这个建议不要急着说。

孩子的感受和他的行为有直接联系:

(1)好的感受就有好的行为;

(2)让孩子感受好,就要接纳他的感受;

(3)感受被否定时,会感到困惑或者愤怒;

(4)接纳孩子的感受,他就能积极思考;

(5)帮助孩子了解他最真实的想法,一旦清楚了自己内心的想法,他就能集中精力去应对出现的问题。

第三节　帮助孩子面对感受究竟怎么办

1. 医生说:"需打针才能治好感冒。"孩子说:"打针好痛。"怎么办?

剖析:否定感受。"你哥哥打针的时候就从来不抱怨,你就不要虚张声势,现在你说怎么办?"这个回答和孩子没有产生"共情"。

2. 孩子说:"打针好痛。"怎么办?

剖析:接纳感受。"有点痛,但没有那么糟糕,如果有一种无痛针,该多好啊!"这个回答和孩子产生了"共情"。你理解有点痛,好像他更容易忍受痛。

妙语:一个人的感受被否定时,可能走向敌对。当被感受时,冲突化解,体验到帮助的力量,感到被尊重,感到你会心疼人,他就会更爱你,心存感激。

3. 孩子说:"妈,我下午要去朋友家。"怎么办?

剖析:回应感受。"哦,你决定下午去,谢谢你告诉我,自己考虑去不去吧。"

4. 孩子说:"妈,我数学考了 100 分。"怎么办?

剖析:感受共情。"100 分啊!你一定很开心!真棒!你说怎么恭贺你?"

妙语:当孩子期望我们了解他的感受的时候,你要理解用意,产生共情,赞美一句。

5. 孩子哭了怎么办?

剖析:回应式。"为什么哭呀?"这个问话,孩子不会说出理由,因为他担心理由不够充分。或者孩子并不知道为什么生气、难过,就因为这点小事哭,怕你笑话他。你要明白,哭的背后是"恐惧"的心理。

可见，当孩子哭的时候，我们应该说"看来你好像很难过呀"？这样对孩子会有帮助，孩子也会和一个接纳他感受的人沟通。而不是用"怎么了"或者"为什么"去逼着孩子解释。

6. 孩子哭闹怎么办？

剖析：你要知道哭闹的背后是"宣泄情绪"，是小孩子运动的一种方式，是生命的自然反应。宣泄是生命的清洁工，它负责把挫折、失败、伤痕等心理垃圾统统清理出去。孩子的挫折、失败他是说不出来的，只有通过泪水、哭闹、任性宣泄出来，本能地保护自己内心的平衡。父母不要说"你再哭就不要你了"。当孩子任性时，不要责骂，叫孩子把话说出来；和孩子在一起，不要说"不听话揍你"。

7. 孩子说不想上学了怎么办？

家长不要给他讲一些他听不懂的大道理。"为了将来养活自己"，他不懂什么叫"将来"，在他的脑海里还没有"将来"的概念，他不会听你说。现在你这样跟他说："宝贝，你现在是不是心里很烦，想和妈妈在一起？"先帮助孩子宣泄情绪，等孩子平和了再问原因。千万不能委屈孩子，不要说"你看看人家的孩子"。你要知道，不想上学的背后是有"难言"的心理。如作业没做，怕老师罚站，或者老师当着全班的面批评了他。

分析：孩子说不想上学，有三种可能：一是暂时有这个想法；二是可能有这个行为；三是只是闹情绪，在宣泄他某方面的不满，不是根本的思想问题。你只要说出他心里想的话就行了。

8. 孩子说："老师取消了我的表演资格，真讨厌。"怎么办？

剖析：认同感。家长说："那你一定很失望吧！毕竟练了那么长时间，可能你演得还不够像，不能怪老师。如果争取让老师再给你一次机会呢？"

妙语：如果我们简单地说"我了解你的感受"，孩子并不信。一个人在情绪低落的时候，不在乎别人是否同意他的感受，需要的是有人理解他正在经历的事情和经历的过程。

9. 孩子说"我恨你"怎么办？

剖析："我不喜欢听到你刚才说的话，如果你生气，可以用其他方式告诉我，或许我能帮助你。"这样的回答，也能让孩子知道你的感受。你要明白，"我恨你"的背后是"讨厌"的心理。

10. 孩子不开心时，不想说话怎么办？

剖析：在情绪低落时，你不要烦他，静静地坐到旁边。几分钟后，小声问"出事了"？我们不知道发生了什么事，但知道孩子难过，你出现在他面前就是一种安慰。你要知道，不想说话就是在宣泄情绪。

11. 孩子负面评价自己怎么办？

剖析：我们不要附和孩子对自己的负面评价，我们只要接受他对自己负面评价的感受。如孩子说："这个数学题，我都花了半小时，我真笨。"你说："花的时间长，是容易让人气馁。"你要明白负面评价的背后是"自卑"。

妙语：我们已经领悟了处理孩子的感受是一门学问，哪些对孩子有帮助，哪些没有；哪些能激怒孩子，哪些能安慰孩子；哪些对孩子能造成伤害，哪些能帮助孩子修复伤口，只有自己去亲身体会。

12. 孩子厌学怎么办？

剖析："厌学"就是孩子对学习没有兴趣，孩子对学习没有认真对待，如果一开始上学家长就叫孩子认真，认真，再认真，就没有后来的"厌学"了。认真是保持孩子学习兴趣和热情的有效措施。只要我们对学习后果不太在乎，不给孩子过多的压力，不让孩子一想起学习心就发慌，孩子一定会好好学的。孩子只要认真学就行，期望过高，孩子会厌学、逃学。当你发现孩子正在认真做某一件事的时候，便是他改变态度的开始。你要知道厌学的背后是"压力"。

对于孩子来说，学习不可怕，可怕的是家长要求孩子一定要学好。孩子厌学、焦虑全是来自"这个一定要学好"。没有这个"要学好"怎么会有厌学呢？我跟家长讲，每个孩子都爱学习，人心都是向上的，鱼游上水，孩子学习也是这样。可是，十个指头有长有短，孩子的接受能力受到干扰，有时会知识脱节，遇到困难，孩子的抗压能力又不强，久而久之，孩子就产生了厌学思想。

如果孩子已经厌学了怎么办？还是要从"认真"上做起，叫他说话认真、做事认真、写字认真、睡觉认真、吃饭认真、做作业认真，一切认真到底，把孩子的恐惧和压力去掉，把简单的事情认真做起，多给他爱，多给他理解，和他共同面对学习中遇到的各种各样的困难，孩子会慢慢改变。生命天生就是为学习而产生的。大人的要求不要过高，认真做起就能改变孩子厌学的现状。

13. 孩子撒谎了怎么办？

剖析：很简单，把压力拿掉，撒谎就没有了。不要担心孩子以后怎么办，我们不能把孩子一时的行为想象成孩子永远是这样。这说明家长对生命不了解，当孩子撒谎的时候，问一下自己是不是给了孩子什么压力，你把标准降一点不就行了吗？你一定要明白，他撒谎的背后就是感受到"压力"。

孩子撒谎是不对的，是孩子不好的表现。但家长一声怒吼，对孩子来说是多么恐怖，小孩只有通过说谎来保护自己。从心理学角度来说，一个人从小到大不知要撒谎多少次才能活下来，哪里有压力哪里就有谎言。谎言是一个人自我保护的有效策略。孩子撒谎一般不是道德品质的问题，当他面对不能承受的压力的时候就会撒谎，没有压力的时候，他就不会撒谎。家长只有了解孩子的内心世界，对症下药，一切谎言才会烟消云散。小孩子自从能认识人开始，就在学着保护自己，他不会让陌生人抱他。一个半岁的孩子还不会说话就有这样的意识，这是人的本能。会说话的大孩子在压力面前能不撒谎吗？

有的父母限制孩子外出，逼得孩子只好编各种理由来骗人，不是说到同学家学功课，就是说老师找他。几次以后，父母怀疑，打电话证实，发现孩子说谎，就是一顿毒打。家长希望孩子改正，结果却相反。孩子为了外出，谎话编得更圆，甚至联合同学一起来欺骗家长。

家长朋友，不要逼孩子去说谎，等孩子发生严重问题的时候，后悔就来不及了。其实，要了解孩子的想法和行为，不必像侦查似的去问案、查案，重要的是让孩子愿意将心里话告诉父母，与父母分享一切。

实际上，孩子之所以"非行"都源于家长对孩子不够尊重，不够理解，不够信任，要求过高。如果我们真能和孩子心在一起，很多"非行"都可以避免掉。即使孩子有了"非行"，家长也能很快把孩子从中解脱出来。所以，做智慧的家长，做能和孩子心在一起的家长，孩子的生活才是快乐精彩、幸福平安的，孩子才会聪明。

教孩子学会说"不"。父母要允许孩子充分表达自己的思想，他已经是大孩子了，如果不对，家长告诉他怎样是对的。我们必须知道孩子为什么要撒谎，撒谎的背后是什么？是承担呀。让他少承担、不承担后果，解除他的心理障碍，他就不会撒谎了。

怎样才能识破孩子的谎言呢？说谎言的人一般要先武装自己，谎言听起来合情合理，表情得意，基本是先编的。如果这时你跟他正面冲突，他一定会强词夺理反击你。应该在孩子有些动摇的时候，找到他的弱点去说服他，解除他的伪装。你跟他说"不要紧""没有事""你说实话"，使他获得安全感，认为处境安全，就会说出实话了。

第四节　问题、注意事项和家长故事

问题

1. 我试图说出孩子的感受，结果说错了，怎么办？

没关系，孩子很快会帮你纠正过来。我们不可能每次都判断准确，你只要尽量去理解就行了，虽然不一定成功，但孩子能体会到我们的努力。

2. 当孩子遇到问题时，我们马上给他建议有什么不好？

我们给他建议或者立刻有效地解决，就剥夺了他自己去面对问题、解决问题的过程。

注意事项

1. 孩子通常反感自己的话被别人重复。孩子对自己的负面评价，父母更不要重复。如孩子说："我太丑了，笑起来真难看。"你不能重复他说的话。

2. 对于大一点的孩子，不开心的时候他（她）不想说话，这时候，你只要陪在身边就行了。你要知道，不说话的背后是"想安静"。

结论：每个人的行为都是有目地的，有时候寻求关注，有时候寻求安慰，有时候寻求安静。

记住：每个孩子都只有特点，没有缺点。

家长故事　　写出孩子的"愿望清单"

一位家长告诉我，他孩子5岁，一起去博物馆，出来的时候，哭着要买"恐龙"和"大象"，我告诉他"已经花了很多钱，那太贵了"。他干脆一屁股坐在地上不走了，大哭起来。

别人都看着我们，我当时觉得很尴尬。忽然，一个念头闪过，写愿望清单。我拿出笔和纸，开始写起来。孩子问我干什么，我说："在写你想要的恐龙和大象。"他补充说："还有一个望远镜。"

我又写了下来。

接下来，儿子的行为让我感到吃惊。他跑过去对姐姐说："你想要什么，快告诉妈，也让妈给你写下来。"你可能不相信，事情就这样平息了，我们顺利地回家了。

从那以后，我经常用这一招，他好像很满意。特殊情况下，也按他的愿望买一点。我觉得孩子喜欢这个"愿望清单"，是因为我不仅了解了他想要什么，而且还郑重地写了下来，孩子在思想意识上也能有些安慰。

作业：

（1）如果直接问孩子"你为什么会那样"？这样问有什么错？（2）是不是任何时候我们都要和孩子产生共情？（3）对孩子能否说"我了解你的感受"？（4）如果孩子特别难过，你无法理解他的感受，你有什么方法应对？（5）如果任何时候都接纳孩子的感受，是不是意味着溺爱孩子？（6）父母过度反应孩子的感受，对孩子有没有帮助？（7）孩子说表达感受的话，父母能否重复？（8）孩子强烈表达感受而父母冷淡会是怎样的？（9）孩子遇到困难时，怎样给他建议？（10）如何让孩子知道我们认同他的感受？（11）孩子说"我不行，我做不到"，怎么办？（12）本课的技巧有哪些？（13）孩子说"太无聊了"。谈谈孩子的感受。

讲后赠言：见编后赠言《育儿歌》。

赠书活动：回答问题，你知道本课

（1）有哪几条法则？（2）有哪几条结论？（3）通法结构是什么？（4）有哪几条心理学？（5）有哪几条妙语？（6）通法有哪几招？（7）面对孩子的感受，你有哪些方法和窍门？（8）你打算如何与自己的孩子沟通感受？举例说明。（9）课程的目标是什么？（10）用接纳孩子感受的方法，针对自己家里情况演示一次。

第三课 家教通法·勉励合作

课程目标：1. 了解勉励合作的教育意义。
　　　　　2. 掌握勉励合作的技巧。
　　　　　3. 学会用材料与孩子沟通。
课程重点：勉励合作的技巧。
课程难点：沟通，理解孩子的感受。
课程对象：本课适合3～15岁的孩子。做练习时建议你要写下答案，不要跳过练习，如果能和其他家长交流更好。
　导入语：今天分享"勉励合作"。如果你能认真听，将会有惊喜，相信吗？听到最后，答对5个问题，赠书一本。好不好？
　复习提问：交流家教通法·回应感受的心得体会及技巧运用。
　新课介绍：课程目标、课程重难点、课程理念。

第一节 勉励孩子和我们合作离不开教育

　教育定律：大地创造了人类，却不能照顾每一个人，于是便创造了母亲；母亲生了孩子，却不能照顾孩子一生，于是便创造了教育。
　上一课学习了"回应感受"，掌握了倾听孩子感受的技巧。但家长可没有那么轻松，面对孩子各种伤心、愤怒、沮丧，需保持心智。什么玩具掉了、肚子饿了、该写作业了，等等，弄得我们分身无术、不知所措。如孩子从学校回来，噘着嘴，你问他啥事不开心，结果他哭起来，跑进房间，把门关上，不与我们配合。这就是本课要学习的内容：如何勉励孩子与我们合作，面对负面情绪怎样处理。
　孩子需求的心理：小孩子的需求和大人矛盾，大人需要的是

43

外表整洁、懂礼貌、按流程办事。在没教育之前，有些孩子不在意这些，他不会自愿去洗澡、换衣服、用纸擦嘴，也不情愿说"谢谢""请"。这些，都需要家长花精力去调教，让他的行为符合规范。有时候，我们调教的态度越强烈，孩子越反抗。

偏爱自己的心理：孩子总是认为自己好、自己对，不会认错。如果家长误解了孩子，就无法充分发挥孩子的才能，让孩子产生不满，引起不快。一个人被冤枉之后的愤怒是可以想象的，千万不能剥夺了孩子自由思考的权利。

嘴巴动作的心理：撇嘴表示不平或不满；一个人发笑时，嘴巴无法随着活动，可以马上看出他是僵硬、歪斜的嘴；遇趣事大笑到眼睛也泛着笑意而嘴巴却基本不变的人，他的内心难以捉摸，可能在怀疑你的讲话，这一点儿童表现得最为突出，父母当心，不要受骗了。

生活中，我们常说"洗手去""用纸巾擦""小点声""作业写了吗""刷牙了没""穿好衣服""别踢桌子""别在沙发上跳""你过来""快睡觉"，等等。我们总是让孩子去做他不想做的事，你叫他用纸巾擦嘴，而他却偏用手擦。

结论：孩子的态度是"我就要干我想干的"，家长的态度是"按我说的去做"。于是，争吵就不可避免了。在争吵中，家长不一定每次都赢，即使孩子按要求做了一件简单的事情，也会让我们头疼。有一点很重要，就是我们必须让孩子明白，这样做的道理和好处，不这样做会带来什么后果，孩子才能和我们合作。

孩子不与我们合作，有没有解决的办法呢？现在教你运用另外一把钥匙去打开你的调教之门，拿走你的忧虑。参考下面4步，坚持训练：（1）你想规范什么？（2）你能怎么样？（3）你决定怎么做？（4）你什么时候开始？

调教情趣法是一门技术，而不是艺术。面对"调教"一词，你有点疲惫不堪，确有难言的忧虑。如果你感到难办，很可能是一直感到难办。你还是花点时间，尽量去学，对于孩子的表现，你已经习惯性地表现出暴躁、不满与不安，这样的反应已经"练习"了很久，现在要尽量克制，因为孩子还小，必须趁早教育，到了无法挽救时，再教育就来不及了。

例如：教育孩子要有文明的言谈举止——"坐如钟、站如松、行如风。"这是古人提出的姿势范式，可这样开始练习：

早上：一分钟起床、一分钟叠被、一分钟洗脸、一分钟如厕。

中午：一分钟站立、一分钟说10个单词、一分钟跑200步。

晚上：一分钟打坐、一分钟写30个字、一分钟说5句赞美的话、一分钟想今天做了什么、一分钟告诉家长今天的好消息、一分钟说今天的感受……

让孩子感受一分钟可以做许多事。

家长朋友，请你想一想，在一天中，哪些是你坚持让孩子做的，哪些是你不希望孩子做的，像上面这样写出来，让孩子明白，然后练习。

每天要求孩子必做的事情：

早上：____ 中午：____ 晚上：____

每天要求孩子绝对不能做的事情：

早上：____ 中午：____ 晚上：____

不管你写得如何，不管你的愿望是不是实现了，你如果真的做了，我相信我们的孩子一定有所改变，久而久之，就会配合我们。

第二节 孩子不配合我们的十个原因

仔细读下面的例子，把自己想成一个孩子，遇到这样的情况会怎么想？

1. 责备和问罪

"告诉你多少遍了，快点起床，你从来就不听，磨叽什么，到底咋回事？"

孩子想："你说我从来就不听，那我就不听。""你就光会吵我，咋不来帮忙。""我干脆骗家长说'起来了'。""在你眼里我磨叽，你不磨叽！"

2. 讽刺挖苦

"明明知道明天考试，还不复习，你可真行。""这就是你的作业，我可看不懂你的天书。"

孩子想："我不愿意被嘲笑，真讨厌。""难道我不知道学习？""让我休息一下不行吗？""我咋做你都说不对，我也愤怒。"

3. 谩骂、诋毁

"看你吃饭的样子，真恶心。""你是一个令人讨厌、无能的人，总做错事！"

孩子想："恶心你就不看呗。""哼，你又来劲了。""我真的无能。""我恨你。"

4. 预言

"竟然撒谎，没人会相信你。""没人和你玩，你不会有朋友。"

孩子想："他说得对。""有人相信我，我要证明他错了。""我已经有朋友了。"

5. 威胁

"我数三下，不走就不管你了。""再哭，我就揍你！"

孩子想："不管就不管。""我后面跟上。""我想哭。""我害怕。""你咋不问我为什么哭？"

6. 比较

"上次考 85 分，这次考 89 分，你看丽丽都考 100 分。"

孩子想："我够努力了，老拿我跟最高分比。""看不到我进步。""我恨丽丽！"

7. 命令
"给我马上写作业。""快把包给我！""现在就去倒垃圾，快！"

孩子想："我不想写。""我感到恐怖。""我不想动，我讨厌！""倒垃圾都要快！"

8. 控诉
"看见我的白发了吗？都是为了你！"

孩子想："你老了，谁会在乎这些。""也不一定都是为了我。"

9. 说教
"你又在上网，若感到无聊，可以看书呀，你将来能指望它吃饭！"

孩子想："你下班回来，叫你看书你看不？""我就指望它吃饭咋的！"

10. 警告
"你懂什么，那样爬摔下来，可不得了，再爬你可小心！"

孩子想："危言耸听。""我做什么都有麻烦。""我心里有数，真啰唆！"

从列举的10个例子中，我们可以想想真实生活中的孩子会是什么样的心情。有没有一种方法，可以让孩子和我们配合，又不伤害他的自尊，又可以让家长少付代价又好操作呢？方法倒是有，但不是每个方法都适用于每个孩子，每个技巧也不是每次都见效，这要看你的态度和能力了，还有怎么运用。但是，下面的技巧至少可以帮助我们和孩子建立起互相尊重的平台，而互相尊重正是合作的开始。

第三节　勉励孩子和我们合作的技巧

勉励合作技巧（5个）：
第一个技巧：描述你看见的或者问题。
在大人描述的时候，同时也告诉孩子应该怎样去做。
例如："厕所的灯泡还亮着呢。"孩子听了会合作，马上去关灯。
反例："我告诉你多少遍了，上完厕所要关灯。"孩子不一定配合。

第二个技巧：提示或者建议。
当我们一提示，他们往往知道怎么做。
例如："纸是用来画的，但墙不是用来画的。"孩子听了会记住，配合。
反例："再让我看到你在墙上乱画，就打你的手。"孩子不一定配合。
又如："我现在需要有人帮我收拾餐桌。"孩子听了会合作，马上起身。
反例："你懒死了，从来不帮我干家务活。"孩子听了会与家长争吵，不配合。

第三个技巧：用简单的词语表达出来。
孩子不爱长篇大论，话越短越有效。
例如："记住钥匙。"孩子听后记了起来。
反例："出门要记住带钥匙，钥匙不挂在你脖子上你就记不住。"说这句话孩子不一定记得住，可能一会儿就忘了。

第四个技巧：说出你的感受。
只要孩子没有受到攻击，一般容易和一个表达愤怒的人合作。

例如:"我的话没说完,就被你打断,这样做没礼貌。"孩子听了停止说话。

反例:"你缺乏教养,总是打断我说话。"孩子听了会愤怒,不合作,这句话杀伤力极强,连自己也骂了。

第五个技巧:写留言条。

有时候,写字比说话更有效,更有震撼力。

例如,妈妈在电视机上留言如下:"在开电视之前,想一想,我做完作业了吗?"孩子看了留言条,会停止看电视。

反例,教导孩子"做完作业才能看电视"。他有可能心不在焉。

又如,爸爸不想对儿子大吼大叫了,决心用留言条来处理:"伟伟:我知道你忙于学习,但不能在书桌上放玩具,那样会影响注意力。谢谢!爸爸。"

反例,教导孩子"书桌上坚决不能放玩具,再放,把它砸了"。孩子会不合作。

这五个技巧让我们学到了勉励孩子和我们合作,并且不留下负面感受。你可以利用孩子上学或者在自己安安静静的时候,抽几分钟时间练习这些技巧,在突然事件发生之前,做好准备,先假设场景操练。

模拟演示1:孩子把湿毛巾放在床上。

通常情况下,你怎么说:＿＿＿

按技巧1说:＿＿＿　　　　按技巧2说:＿＿＿

按技巧3说:＿＿＿　　　　按技巧4说:＿＿＿

按技巧5说:写留言条:"请把毛巾放回原处。谢谢!"

上面的练习是运用五种不同的技巧,下面的练习是你可以从五种不同的技巧中,选择一个你认为最有效的练习。

模拟演示2:你的孩子老是把鞋子丢在门口。

无效的处理方式:＿＿＿　　　有效的处理方式:＿＿＿

你用的是哪项技巧:＿＿＿

模拟演示3：你的孩子不去写作业。

无效的处理方式：_____ 有效的处理方式：_____

你用了哪项技巧：_____

学习新技巧有两点：（1）真实很困难：生气的时候还要装着耐心。如果这样，不仅没有真实沟通，还显得不真实。（2）第一次不成功，不要回到老路上去。你可以综合运用新、旧技巧。如："湿毛巾放回洗手间，放床上一会儿把被子搞湿了。"如果他不理你，提高嗓门说："湿毛巾。"假设他还不动，可以大声说："我不想睡在又冷又湿的床上。"也可以写个纸条放在他面前："湿毛巾放在床上，我很生气。"甚至可以大吼："我不希望你对我的话充耳不闻，湿毛巾我拿走了，真叫我发火。"

也许你希望把新技巧运用到生活中，看看你前面所列的"每天要做的事情和每天绝对不能做的事情"，是否做到了。看一看要求孩子做的事情是不是做了。还可以运用前面接纳孩子的负面情绪的新技巧，帮助我们去勉励孩子和我们合作，你可以把新技巧抄下来，贴在家里显眼的地方，帮助我们，提醒我们。

有人会问："如果孩子还是没反应，接下来怎么办？"下一课我们会深入探讨有助于"合作"的更多技巧。下面的作业可以帮助我们练习新技巧，你要认真做，它们能让我们今后的生活轻松一些。

作业1：想一想，写下你可能会努力赏识的新技巧。

你碰到的问题是：_____ 可能运用的新技巧是：_____

作业2：在本周，有哪些不该说的话是以前说了现在不说的？

场景：_____ 我不说：_____

作业3：本周，你可能要用到哪两个新技巧？

场景1：_____ 新技巧：_____

孩子的反应：_____ 你的反应：_____

场景2：_____　　　　新技巧：_____
孩子的反应：_____　　　　你的反应：_____
作业3的场景你打算写给孩子的留言条是：_____

第四节　勉励合作常见的问题

1. 尝试"勉励合作"技巧，第一次可能不成功，怎么办？

剖析：不能回到老路，尝试第二次，一直坚持到底，总能感动孩子的心。

2. 语言是有杀伤力的，"笨蛋""粗心""学不好""不负责任"等都不能说。

剖析：父母厌恶的眼神、轻蔑的语调，对孩子伤害极深，当心以后孩子反击你。

3. 想让孩子做事，可以说"请"。

剖析："请把门关上，可以吗？"比简单命令"关门"要好得多，树立了礼貌的榜样。

4. 孩子不吃"勉励合作"这一套怎么办？

剖析：不要因为负面情绪阻碍你，你学的技巧是尊重人的，最终会得到认可。只要让孩子体会到被尊重、被重视、有存在感，孩子的自我价值就提升了。

5. 也可用幽默的方法逗乐，让孩子做事。

剖析：学机器人的声音："把——门——关——上，请——配——合！"

6. 简单、明确、严厉地发出指令，只一遍，不重复。

剖析：虽然他当时装作没听见，但一会儿会行动。

7. 孩子答应得好，就是不做、不动，总是说"等会儿"，怎么办？

剖析：你要问他什么时候开始。

8. 运用"描述"的技巧要分场景。

剖析：儿子放学回来看见父亲站在门外。父亲说："门开着。"儿子回敬道："那你为什么不关上？"孩子理解为提示"关门"是指责。

9. 运用"提示性"的技巧要避免已知信息。

剖析：告诉12岁的孩子说"饭烫"，他会认为你觉得他傻，是在挖苦他。

10. 运用"说出你的感受"的技巧要避免负面感受。

剖析：诸如"我生气""那样做我不高兴"的表达，孩子可能反过来回答你："那好，我也生你的气。"最好是表达你的期望，表明希望他怎么做。

11. 孩子说"干吗给我买这些烂东西"怎么办？

剖析：不要站在自己的角度去解释，你说："我不喜欢你指责我，如果你想要或者不想要什么东西，请你换个方式和我说话。"第一次说的时候，孩子可能感到惊讶，以后如果他再说那样的话的时候，你给他个眼神，他会好好说的。

12. 用"你怎么怎么做，我会很高兴"的句式，提前赞美，勉励合作。

忠告：我们的技巧不是用一套技术去操控孩子的行为，而是培养孩子的进取心、主动性、责任心以及体谅他人需求的能力。我们只想能找到一种新语言，使孩子的心灵不受伤害，建立一种情感氛围，勉励孩子和我们合作。在相互尊重的平台上与人沟通，无论是在孩子的童年，还是在他长大成人后，都能受用。

作业：你觉得用哪个技巧更适合自家情况，效果更明显些，把它写下来。

场景：____　　　技巧运用：____
孩子的反应：____　　你的感受：____

第五节　建议和家长故事

建议

1. 描述：使用描述语言的好处在于避免了相互指责和埋怨，让每个人把注意力都集中在"该做什么"上。如"瓶子打碎了，我们需要一把扫帚"；"水洒了，我们需要一块抹布"。呼叫支援，没有争吵。如果把上面两种方式前面加上"你"，即"你把瓶子打碎了……""你把水洒了……"，会让人感觉被埋怨，容易产生抵触情绪。你可以试一下：当我们描述事件的时候，孩子很容易听出问题是什么，描述事件的时候，不应该考虑"你做了什么"。

2. 提示："吃水果前要洗干净"，类似这样的提示容易做到，难的是去掉那些攻击性的字眼——"你就是不听"。我们愿意给孩子提示，是因为孩子能体会到我们对他的信任，他会对自己说："我一旦知道了理由，相信我能做好。"

3. 用简单的词语表达：这个技巧能给家长带来很多帮助，省时间、不费话，又能避免单调乏味的解释。

用简单的词语表达，代替了命令，也给了孩子一个发挥主观能动性的机会。如听到"狗"的时候，就想到"狗怎么了"。

注意：不要用孩子的名字作为简单词语表达，你喊他的名字后要有提示词语。如果一天中你几次喊他的名字遭到拒绝，他会把名字和"拒绝"联系起来。

4. 说出你的感受：家长不可能永远对孩子保持耐心，孩子有能力接受你的感受，你可以说："我现在顾不上看你作业，晚饭之后，我再看"；"现在别惹我，我心情太糟糕，但和你没关系"。有些孩子可能不能接受你的感受，如你说"那样做，我不高兴",孩子可能会回敬"那好,我也不高兴"。

5. 写留言条:小孩子收到父母的留言条时,很开心,就像收到朋友的来信,他们被父母的爱所打动。另外一个好处是,不用大声嚷嚷,没有埋怨。

家长们也认为写留言条方便、省时、便捷,值得回味且有落实的可能性。

家长故事

我的耐心

一位妈妈因为对孩子没有耐心而沮丧,她决心以孩子能接受的方式说出自己的感受。她是这样说的:"我现在的耐心和西瓜一样大。"过了一会儿又说:"我现在的耐心和葡萄一样大。"最后她宣布:"我现在的耐心只有绿豆那么大了。"

我知道孩子把我的话当真了。晚上孩子问我:"妈妈,你现在的耐心是多大?可不可以给我讲个故事?"

经验告诉我们,你尊重孩子,孩子也会尊重你,可以彼此在意对方的感受。

踢狗取乐

一位妈妈说:"我不知道怎么培养了一个说谎、骂人、打人、爱发牢骚、不写作业的孩子,他简直像个愤怒的大黄蜂。我到底做错了什么?

听了尚老师讲的真真赞美、回应感受和勉励合作,我很受启发。

一次,儿子发现小狗睡着了,走近小狗,用脚踢狗。可怜的小狗警觉地跳起来,他又是一脚,小狗'汪'的一声叫起来,他又是一脚。孩子踢狗取乐,他还为自己发明的游戏高兴地大笑。他怎么可以通过踢狗来取乐呢?

他是什么感受呢？我想一个是'踢'，另一个是'乐'。或许他踢其他生物也有同样的感受。在踢的时候，他腿会疼，但他感觉不出来。如果我对他大吼，他会害怕；打他，他会哭。孩子实际上只是想拿狗寻求'踢'的一点心理刺激罢了。

了解了这一点，我放松了许多，我不再因为儿子的举动而生气、难过，把注意力集中在帮助孩子找到和狗玩的办法上，即：回应感受、限制行为、勉励合作、提供选择。

我说：'我看你踢得挺高兴，狗不是用来踢的，那样狗会很疼，狗喜欢让人轻轻抚摸。我来看看你可以踢点什么东西，气球行吗？塑料狗呢？'之后他不踢了。"

通过这个事情，我看到他后来对动物像对待人一样，捉到小鸟又放走。对小狗，他会抚摸或者轻轻拍打，这让我这个当妈妈的备感欣慰。

经验告诉我们，勉励合作要有娱乐性，不要太严肃，每天如果没有新鲜感，那太乏味了。对于小孩子，他们非常喜欢和某一样东西说话。你可以装作玩具在哭、在笑或者说"我好可怜啊，哪怕是个脏手摸摸我也行"，勉励他们玩玩具。

饥饿的袋子——"通通吃"

一位爸爸说，儿子拒绝收拾地上乱七八糟的东西，让他感到头疼。他分享了他的故事：

"昨天晚上，因为儿子不收拾乱七八糟的东西还发生了一次'战争'。不过，我想出来了一个办法。我拿出一个袋子，用深沉沙哑的声音说：'我是袋子，我好饿啊，我好想吃瓜子壳、橘子皮、香蕉皮、废旧纸团……'待东西收拾好了，我又说：'哦，我吃饱了，不吃了，吃多了会吐、会生病的，我走！'儿子过来和我一起玩，很快就清理完了，他还挺高兴地说：'明天晚上，我们还玩这个游戏。'今天，他迫不及待地想玩这个游戏,我还给这个袋子起了个名,叫'通通吃'。每当需要清理的时候,就喊'通通吃'快来吃。孩子会积极主动地帮忙清理垃圾。"

我不去学校了

昨晚,我儿子非常生气,因为他在球赛中输了,失去比赛资格。他说,"我明天不去学校了,你们去学校把我所有的东西都拿回来",然后就去睡觉了。

不用多说什么,我也不必为他明天早上做什么准备了。所以,我写了个纸条放在他床头,因为我认为纸条解决问题比对话好得多。我写道:

"亲爱的儿子:

不必把你所有的东西都拿回来,你没有做错什么,只是球赛输了,生气也没有关系,还有你的短跑,去年就不该输,你或许是因为害怕尴尬,所以才不想上学。

爱你的妈妈"

第二天早上,我进屋一看,看到了他写的回信:

"是的,我是根据去年的结果才这么猜测的,我还是不想上学。"

后来,我假装以为他还在睡觉,就写了封回信,放在他房间。

"亲爱的儿子:

我也知道你输了很气馁的,为什么你们队不能赢?也许你可以找个人帮你们队赢得比赛。

爱你的妈妈"

大概过了 5 分钟,他准备去上学。我一声没吭,怕说了什么影响他改变主意。他也没有强烈的情绪了,很正常。

写便条

一位母亲说，她喜欢用写便条的方式告诉孩子做事，勉励合作。以前，她发现自己经常处于"要么喊好几遍孩子，要么就是干脆不喊，自己做家务"。后来她发现，拿起笔来写比张嘴说省力得多，效果也好得多。下面是她写的便条：

"亲爱的女儿：

厨房该整理了，需要收拾一下：（1）炉子上的书；（2）垃圾箱；（3）桌子上的碗筷……

谢谢！

爱你的妈妈"

这位母亲又说，我的女儿有一次把录像机弄坏了，并且还扔在地上，如果不是用写便条的方式发泄我的愤怒，我肯定会惩罚她。我写道：

"亲爱的女儿：

我气坏了！我的录像机未经允许就被拿走了，上面还有划痕。

气愤的妈妈"

过了一会儿，妈妈收到了女儿的短信回复：

"亲爱的妈妈：

真对不起！我以后再也不这样做了，我决定用我零花钱中省下来的钱给你买一个新的。

你的乖女儿"

有人问："我们使用了写留言条的方法，孩子就一定听话吗？"我们的回答是"不希望"，因为孩子不是机器人，他有自己的思维，我们的目的是培养孩子的进取心、主动性、责任心、幽默感以及体谅他人的需求能力,而不是操控孩子的行为。

我们想找到一种方法,培养孩子的自尊,让他们的心灵不受伤害。

我们想建立一种情感氛围,勉励孩子和我们合作。

我们想树立一个榜样,在相互尊重的平台上与人沟通。

讲后赠言:教育者之喻

家长是火种 —— 散发热量,点燃下一代求知的欲望。
家长是财富 —— 只奉不取,专为孩子创造美好的明天。
家长是人梯 —— 勇于牺牲,愿孩子踩着肩膀攀登高峰。
教师是红烛 —— 青春无悔,燃烧着自己照亮了别人。
家长是春蚕 —— 含辛茹苦,吐尽银丝给孩子御风寒。
教师是春天 —— 充满生机,为人类孕育未来的希望。
家长是园丁 —— 修枝整叶,用心血浇灌祖国的花朵。
教师是蜜蜂 —— 忙忙碌碌,采花酿蜜培育着下一代。
家长是奶牛 —— 任劳任怨,吃的是草挤出来的是奶。
教师是塑工 —— 精心雕刻,为社会塑造美好的灵魂。
教师是慈父 —— 循循善诱,用心牵着孩子往前走路。
教师是良母 —— 敞开胸怀,让学生吮吸知识的乳汁。
教师是渡船 —— 乘风破浪,把学生载向知识的彼岸。
教师是航灯 —— 通宵达旦,帮学生遨游知识的海洋。
教师是钥匙 —— 博览群书,给学生打开知识的宝库。

赠书活动:回答问题,你知道本课

(1)有哪几条定律?
(2)有哪几条结论?
(3)勉励合作的技巧有哪些?

（4）有哪几条心理学知识？

（5）有哪几条妙语？

（6）教育孩子和我们合作有哪几招？

（7）勉励孩子合作，你有哪些方法和窍门？

（8）你打算如何勉励合作？举例说明。

（9）课程的目标是什么？

（10）用勉励合作的技巧，针对自家情况练习一次。

（11）有时候，不合作的原因有哪些？

（12）勉励合作，常见的问题有哪些？

第四课 家教通法·替代惩罚

课程目标：1. 了解惩罚与承受的区别。
2. 掌握替代惩罚的 7 个技巧。
3. 学会用 5 个步骤与孩子沟通。

课程重点：替代惩罚的技巧。

课程难点：解决复杂问题的 5 个步骤。

课程对象：本课适合 3～15 岁的孩子。做练习时建议你要写下答案，不要跳过练习题目，如果能和其他家长交流更好。

导入语：今天分享"替代惩罚"。如果你能够认真听，将会有惊喜，相信吗？听到最后，谁答对 5 个问题，赠书一本。好不好？

复习提问：交流家教通法、勉励合作的心得体会及运用技巧。

新课介绍：课程目标、课程重难点、课程理念。

第一节 反省过程非常重要

我们使用新技巧、新语言和孩子沟通，需要不断地控制自己，一点一滴地从现在做起，否则，就回到老路上去了。对大多数人来说，挖苦、谩骂、指责的词在脑海里已经根深蒂固，想放弃它，并不容易。

有些家长对我说：即使参加了培训，也难以使用新技巧，这让我很沮丧。我知道错了，但难以纠正。是啊，老方法你已经"练习"了很久，现在要尽量克制，你意识到错误，就是进步，是改变的开始。第一次可能不成功，但不能回到老路，尝试第二次，一直坚持下去，相信你学的新语言、新技巧是对的，对孩子是有帮助的，不能放弃。比如你说了"孩子，怎么你记不住关厕所灯"后，可立即自责，纠正为"孩子，厕所灯亮着"。描述一下，不是很难。或者说"孩子，厕所灯"。

也有人说，我用了新语言，多次勉励孩子关厕所灯，可是，他总是记不住，不当回事，下次还是没关灯，有时甚至反抗说："亮一下，又咋的？"这时候，我们家长可能想到的办法，就是惩罚。

惩罚1：你知不知道，那样浪费电，看来你该受罚了，今晚别想吃饭！我要好好教训教训你，不能有这样的行为！用节约的饭钱去付电费。

惩罚2：我会让你记住，最不能让我容忍的是你没有记性，今晚，我们去公园，让你一个人留在家！好好反思吧。

问题1：你认为受罚的孩子会是什么感受？

问题2：究竟是惩罚还是不惩罚？

家长想：如果不惩罚，孩子就会逃避管教；如果不惩罚，孩子怎么知道他错了。我惩罚，是因为他能理解我的管教方法；我很生气，没有别的办法。

孩子怎么想：我恨妈妈；我觉得我错了，理应受罚，但要叫我服气；我要说我肚子疼，叫他们不得安宁；今天晚上我不回家，让他们对我的惩罚后悔；我要报复，今后不管啥事做错了，不能叫他们抓住。

类似这样的问题，如果放弃惩罚，岂不是让孩子掌控一切了？当孩子出现问题的时候，可不可以让他们承担行为的自然后果呢？

法则：一个孩子，应该经历自己不当行为所带来的后果，而不是惩罚。惩罚孩子，实际上剥夺了他从内心深处对自己错误行为的反省过程，而这个过程又是非常重要的。

对自己做错的事，体验错误的过程就是反省。知道悔悟和自责，这是敦品励行的原动力。不反省不会知道自己的缺点和过失，不悔悟就无从改进。

为什么要反省呢？因为人不是完美的，总有个性上的缺陷、智慧上的不足，往往会说错话、做错事。反省的目的在于建立一种监督自我的畅通的内在反馈机制，通过这种机制，可以及时知晓自己的不足，及时匡正不当的人生态度。良好的反省机制是自我心灵中的一种"清洁系统"或"自动纠偏系统"。反省是砥砺自我人品的最好磨石，它能使你的想象力更敏锐，它能使你真正认识自我。检视自己的言行，也不是太难的事。一个常常自我反省的人，不仅能增强自己的理智，而且必定知道什么是自己该做的，什么是自己不该做的。只要在脑海里检视一下做错的事即可，或者说出来。

讨论：反省过程非常重要，这就是说，该用什么方法代替惩罚。有哪些可能的方法来应对不关灯的那个孩子？现在想想，家长该怎样处理？可能的做法有下面一些：

（1）打比喻，洗手不能只洗一只手，做事要有始有终。

（2）讲故事，水龙头不关，会"发大水"。

（3）写留言条"关灯"，贴在开关旁边。

（4）记录没关灯的次数和时间，让他自己写，然后计分。

（5）制订"家庭公约"。

（6）孩子生日的时候，特别送上"关灯了"的礼物……

这些建议，都用在预防上，但有时候，我们没有预见或没有精力去做的时候，下面的方法可以给我们提供帮助。

第二节　替代惩罚的七个技巧

1. 请孩子帮忙或者提前赞美。

例如，孩子走出厕所不关灯，你说："请帮我把厕所灯关一下。"或者说："你把厕所灯关一下，我会很高兴。"

2. 明确表达你的立场。

例如，你说："我不喜欢这样，灯一直亮着。"

3. 给孩子提供选择。

例如，可以说："要么关灯，要么就待在厕所里。"

4. 采取行动。

如"看来你必须去关灯"。

5. 表明你的期望。

如"我希望你以后随手关灯"。

6. 让孩子体验错误行为的自然后果。

如"不关灯可能亮一夜，灯泡烧坏，下次就要摸黑"。假如他又没关灯，试着换个不亮的旧灯泡，让他回答为什么。然后问他是否换新的，让他明白自然后果，代替惩罚。

7. 告诉孩子怎样弥补失误。

下面我们再来举例说明技巧的运用，并进行对比，体会效果。

1. 请孩子帮忙：你来帮我提桶水。

惩罚：不干，等爸爸回来有你好受的。

2. 表达你的立场：我不喜欢你这样鲁莽。

反例：你太鲁莽了，晚上不许吃饭。

3. 提供选择：你是走还是坐下来，自己选。

惩罚：你再乱跑，我就动手。

4. 采取行动：把东西拿走或制止。

惩罚：这是你自讨苦吃！

5. 表明期望：我希望你借东西要还。

强烈不满：先说你借了还不还，不还的话就不借。

6. 体验后果：昨天你去超市乱跑，今天你不许去超市，待在家里玩。

7. 弥补损失：刀子用完要拿回来，放在外面生锈了，现在需要你擦上点油。

对于多数孩子，有这7个技巧，就能足够唤起他们的责任心了。

现在，我们来讨论怎样帮助家长管理屡教不改的孩子。例如，孩子总是不按时回家，你问他，他总是找各种各样的理由，不遵守诺言。

有一位家长反映：孩子又一次回来晚了，我问他，他告诉我说："在操场上玩，问同学们几点了，说6点多，一听晚了，马上跑回家。"妈说："孩子，你都跑出汗了，给你毛巾擦擦，向我保证以后不再晚了。"回答："好，一定。"妈又说："你真叫我担心，饭都凉了，要不要妈妈给你热一热？"

另一位家长说："你说你问时间了，尽力往家赶，但我还是不高兴，我不想看到你急急忙忙的，我希望你遵守诺言，按时回家。我们已经吃过了，你看厨房还有什么吃的去吃点。"

第三位家长说："我再也不相信你了，你的借口我听够了。你要接受惩罚，回你房间去吧，晚饭已经没有了。"

剖析：第一位家长太好欺负了，孩子做什么都可以不承担责任；第三位家长太侧重于惩罚了；第二位家长没有惩罚，但又表明了自己的坚定立场，让孩子反省了自己错误的过程，承担自然后果。孩子可能会想"妈妈真的生气了，从现在开始，我最好按时回家，不能让她失望，饭就凑合着吃点算了"。

理解了这三种方法，有的妈妈用第二个方法，果然见效了。可是，坚持了一个星期后，孩子的老毛病又犯了，怎么办？还有什么妙招？提前赞美也试过了，就是不管用。除了惩罚之外，还能不能找到别的办法呢？

当问题一再出现时，情况就比先前复杂得多。那么，复杂的问题就要用复杂的技巧。

通常情况下，解决复杂问题有5个步骤：

第一步，让孩子说出感受和需求；

第二步，家长说出感受和要求；

第三步，大家一起讨论解决的办法；

第四步，把想法都写下来；

第五步，挑出哪些方法能接受，哪些不能接受，哪些要付诸行动，制订"家庭公约"。

对不按时回家的孩子，经过讨论，双方提出下列想法：

一、孩子的感受是：（1）玩得正高兴，离开也不容易。（2）每次都是玩到一半就离开，没人比我走得早。（3）我回来晚了，你们别担心。（4）饭给我留着等。需求是（1）推迟20分钟吃饭。（2）我的手表坏了，需要新手表。（3）你去接我。（4）在外面吃饭等。

二、妈妈的感受是：（1）太晚了，我担心。（2）只有去操场叫你。（3）我不想给你买新手表。（4）晚饭可以推迟等。要求是：（1）你要提前告诉妈。（2）晚回可以留饭等。

三、我们一起想一想还有什么办法，我们都能接受。

四、把想法一一写下来，不带任何评论。

五、与孩子讨论，商量哪些办法可行，写下来，签字。把计划变为行动，妈妈还可以提问，我们还需要做什么？谁来负责？什么时候开始？

结论一：听起来麻烦，实际对话并不麻烦，还能解决问题，花一点时间就学会了。最重要的是转变态度，我们不能再把孩子当成一个"问题"来"纠正"。要坚信肯花时间坐下来和孩子分享彼此心里的真实感受，就能想出双方都能接受的解决办法。那个时候的"惩罚"就是"承受"自然结果了。

结论二：这个方法给了我们一个启示：当出现冲突的时候，不要把精力用于彼此对抗或谁输谁赢上，要放在谈感受、谈需求、谈解决上。这个方法，无论是在家里，还是在外面，无论是现在，还是将来，都能让孩子一生受用。

关于解决问题的建议：

为了让解决问题的过程进展顺利，解决问题前要先做一些心理暗示。

1. 尽可能地接纳和倾听。不要忽略以前的信息和感受。
2. 避免武断、评价、说教、惩罚，不试图劝说。
3. 考虑任何方法，不管现实不现实、对不对。
4. 不奢求立刻见效，仔细调查，展开更多讨论。

重点在于尊重孩子、集思广益，考虑出现的各种情况。

开始解决问题前，要考虑自己是否冷静、是否在气头上。如果是，就不要开始；再看一下孩子的情绪，问"我想和你说点事，现在方便吗"？

1. 讨论孩子的感受和需求（"我想你大概觉得……"）

不要急于完成这一步，你的态度是"这次我是真的想搞清楚你的感受"，只有当孩子觉得被倾听、被理解的时候，他才能考虑你的感受。你要给他想要的，不要的不给。下面我给出沟通的5个层次供你参考：

打招呼—说事实—谈感受—讲观点—放开说。

2. 说出感受和需求（"我的感受是……"）

这一步要简单清楚，如果你不停地说你的担心、愤怒和郁闷，孩子就很难听下去，产生"我就是我"的心理。每个人都有恐惧感，要让孩子获得安全感。

3. 一起讨论，找到都能接受的解决办法。

对孩子的任何一个说法都要避免评价和论断，当你说出"这个主意不好"的时候，整个过程就前功尽弃了。往往是最不受欢迎的想法，会引发我们想出最好的、最有效的解决办法。关键的一句话是"把所有的想法都写下来"。都写下来是让说出想法的人感到被尊重，有归属感。

4. 挑出接受哪些建议，不接受哪些，哪些要付诸行动。

不要说"这个主意愚蠢"，只能说"这个主意让我感觉不舒服"。

5. 签订"家庭公约"跟踪执行。

计划在于落实，有必要加上"把计划变为行动，我们还需要做些什么？谁来负责落实？我们什么时候开始？什么时候完成？完成了或完不成怎么办？"签字生效。

解决常见的问题：

1. 解决问题的任何一步都可以帮助我们，步骤不一定都要用上，只要说出冲突的地方就能解决问题。如妈妈说："你想让我去买鞋，我想做饭。"孩子说："等我们买鞋回来，我帮助你做饭。"

2. 计划（公约）执行一段时间后，贯彻不下去了，怎么办？

这是考验我们决心的时候，可以选择再做计划。可能是4岁的方法不适用5岁的孩子，冬天的不适用夏天的。生活是需要不断调整的，重要的是让孩子觉得他在参与解决问题，而不是在制造问题。

3. 如果孩子不愿意和我解决问题（签订公约）怎么办？

有些孩子不喜欢这个方法，可把同样的思路写在留言条上，一样有效。这个方法对大一点的孩子比较有效。技巧在各个年龄段中，要灵活运用。

4. 用了所有步骤以后，还没有达成共识怎么办？

这是有可能的，但也没有损失什么。通过讨论，我们了解了孩子的感受和需求，也是我们所希望的，只要认真去思考，让事情再缓一缓，就可以找到办法。

第三节　家长如何表达自己的生气

每个人都会生气，在跟孩子的互动中，有时看不惯孩子的行为，认为孩子的行为超出了底线；有时耐心不够，家长会发怒。这是可以的，关键是如何表达我们的愤怒，这里面有学问。

家长表达愤怒常用"你"字开头，充分指责，这样的表达方式只会给孩子带来伤害，紧接着孩子就还击。如孩子吃快餐面，家长说："你怎么吃这东西？你这个孩子怎么这么不听话？"表达生气本来是一种沟通，结果变成了"战争"，让事态严重并不是我们的本意。把"你"改为"我"开头，情况就不一样了。如"吃快餐面我很生气，这样对身体不好"。或者说"我孩子听话，不吃快餐面"。方法就这么简单，问题在于我们不习惯，大家没有好好想过什么是生命教育？生命教育的艺术是什么？

处理好与被教育者关系的教育就是生命教育；教育孩子理解人性的教育就是生命教育；教育孩子如何和自己沟通的教育就是生命教育。你只要深思一下，便可领会生命教育的真正含义。生命教育的艺术，在于教育者的高尚情操。生命教育就是教孩子如何幸福地过一生。

生命教育就是处理好和他人关系的教育，要处理好人与人之间的关系，最重要的是要学会管理自己的情绪，学会怎样表达自己的愤怒，即"情商"。

当你生气的时候，你看到了你的怒火，就能够控制它；当你看不到它时，你就被它控制了。有一句话很有智慧："人所担心的事情90%不会发生，但你要100%地去操心。"

总的来说，表达自己的生气，要看到自己的紧张，看到自己的焦虑，当你控制不住了，你可以说"我现在很生气""我现在很紧张"或"我现在想发火"等，那个时候很多人际沟通的冲突就会避免了。心理学告诉我们，你把自己的心情告诉了别人，可获得他人的谅解和同情。当你生气的时候，告诉别人"我生气"的原因是什么。记住用"我"字开头。

专家认为"生气不能超过3分钟"，因为生气是在拿别人的错误来惩罚自己。生气是很不划算的，何必要生气呢？一笑了之，笑一笑，百事了。

克制生气的办法：（1）学会三思而后行；（2）生气时努力转移注意力；（3）告诉别人"我生气"的原因；（4）避免抱怨和指责，用"我"字开头讲话，取得他人的谅解。

妙语：表达愤怒把"你"字开头的话改为"我"字开头，情况就不一样了。生命都是向上的、向善的。

我们可以为孩子提供弥补错误的办法而不是惩罚，下面的句式可以帮助我们用承担后果的方式对待孩子，值得参考。

（1）哇，你知道哪里错了？（2）你这么做我会高兴的。（3）看来，你今天心情不好是吗？（4）好的……（5）你来选……（6）你想怎么办？（7）你能怎么样？（8）你决定怎么做？（9）你的需求是什么？（10）可以吗？（11）这样做我会生气的。（12）我不喜欢你对我说话的方式。（13）我需要时间冷静思考。（14）我现在非常不开心。（15）我需要在客人到来之前做好这些事，你……（16）我不想我的女儿有这样的感受。（17）我希望你……（18）我不允许你……（19）看来你想……（20）我想你大概……（21）你这个主意好。（22）你这个行为叫……（23）我有你这样的女儿感到幸福。（24）你好好想一想，就能做到。（25）我不喜欢你刚才的行为。（26）我希望你多注意。（27）谢谢。（28）对不起。（29）现在方便吗？和你说个事。（30）有时候……会好些。

第四节　注意事项及常见问题

1. "惩罚"与"承受"有什么不同？

惩罚是为了教训孩子，故意剥夺孩子的时间、追加他们的痛苦。承受自然后果是让孩子反省自己行为所产生的结果。二者表达方式相同，效果却相反。

比如，借别人的东西没归还，物主就不会再借给你任何东西，或者借给你但你要做出承诺。物主并没有对你采取什么"惩罚"，但他的行为更容易让你从中吸取教训、反省过程、承受结果。

在家里，发现沙发上有橘子皮、瓜子壳。不要追问谁干的，找出人来责罚，要把注意力放在"承担"上，让扔东西的人帮忙清理就行了。

2. 表达不同意的立场代替惩罚不能过分。

例如"我很生气！她玩得好好的，你把她惹哭，你想办法哄她别哭了"。如果你说"你又把她弄哭了，你该挨打了"。这些立场就很过分。

这就是为什么我们在"表达不同意的立场"之后，要告诉孩子怎样修正错误，让他经历自责之后，还要恢复到原来受尊重的状态。我们期待孩子长大以后做了错事，能反思、能改正、能弥补过错，而不是该受罚。

像"我不喜欢你做的，我希望你多注意"之类的话，会让他感到后悔。

感受拒绝：孩子需要在一定的阶段感受我们的拒绝。如果我们的反应过于强烈，他会感到所犯的错误让他不再被你爱，受到轻视，可能让孩子在人格发展中掺杂过多的负疚感和嫌弃自己的成分。

表面温顺：有时孩子听了父母教导，立刻表示赞同说"是"

或"对"，事实上很少按照父母的意见去做。一位智人说："很容易接受对方的意见，而且马上迎合的人，很少能坚持对方的意见。"因此，当你听到此类承诺时，不必马上相信他，反要对他警戒。

3. 当我们批评孩子做错事时，他说"对不起"，可第二天又做错，怎么办？

孩子用"对不起"来安抚生气的父母，道歉得快，重犯得也快。对屡教不改的孩子可以这样说："'对不起'"意味着你要行动，'对不起'的意思是你要改变，说'对不起'是第一步，第二步是想该怎么办。"

对屡教不改的孩子，有人说惩罚前要解释、惩罚要适度，这些都不如替代惩罚。

4. 当孩子指责我们时怎么办？

不允许。

如孩子说"这不可能，因为你总是……"这种情况出现时，家长坚定的态度很重要。不指责、不讨论以前发生的，重点讨论以后怎么办！

情景演示：请各位想想，家里发生的问题，用替代惩罚的方法去解决，设计一例。

关于惩罚的观点，专家们说：

惩罚是一种非常没有效果的管教方式，常常会让孩子的行为朝着我们预期相反的方向发展。许多父母使用惩罚，是因为没有人教给他们更好的管教方法。

管教可能会让人感到无奈，但必须强调的是，管教的意图是教育。惩罚则是用外在力量控制或者强制一个人，受惩罚的人几乎不被尊重。

困惑的家长错误地认为惩罚之后会有效果，但没有意识到他们的管教方法根本不起作用。惩罚只能让孩子更逆反。

上篇　家长课堂

惩罚带给孩子的影响没有一样是父母所希望的。孩子受到的惩罚会减轻他们对错误行为的内疚感，他们认为惩罚可以抵消他们的错误，可以心安理得地重复自己的错误。

青春期的孩子可能会因为父母朝他们扔东西、身体推搡或者采取攻击性的言语，就以强烈的方式反抗，孩子对父母实施暴力，正是小时候从父母那里学来的。

横穿马路

下面的事例来自一位妈妈，她分享了她使用"替代惩罚"的经验。

一开始我并不相信"替代惩罚"，我儿子特别调皮，管不住自己，我唯一的办法就是惩罚。邻居告诉我，他骑自行车横穿马路，十分危险。我不知道怎么办了，我没收了他的自行车、不让他看电视、取消了他的零花钱……再也没有什么可以惩罚的了，无奈之下，我决定用解决问题的五个步骤来处理。

我说："儿子，方便吗？我现在有个事要和你商量解决。你是不是想自己过马路，不让别人干涉，对吗？"他点点头。我又说："但我的想法是，骑自行车横穿马路很危险，那条马路出过很多事故，我很担心。我们要想办法来解决，你先想一想，吃罢晚饭的时候把你的想法告诉我。"

他马上就想说，我告诉他，现在不行，这是一个严肃的问题，你先想，我们俩多想些办法出来，等爸爸回来再一起讨论。

那天晚上，我提前告诉丈夫，多听少说，听听孩子的感受。儿子坐在沙发上，爸爸一回家，他就激动地说："我有个办法！晚上爸爸回家后，带我到街角，教我怎么看红绿灯，怎么过马路，以前我什么都不知道才横穿马路的。"

我丈夫吃惊得差点从椅子上摔下来，看来我们都低估了儿子，是我们没有提前告诉他过马路的知识。

经验告诉我们，孩子做错了事，一定要查明原因，帮他纠正。

很多时候,我们家长只会抱怨,没有把解决问题的主动权让给孩子。解决问题的五个步骤虽然麻烦,但使用了确实有效果、有改变,你也可以试试。

作业1:想想家里发生的问题,哪些可以用解决问题的五个步骤来处理?方便的话,和你孩子一起解决一次。

作业2:请用替代惩罚的方法,针对自己孩子的不足试说一个事例。

作业3:借了东西没还怎么办?如果他仍然不改怎么办?举例说明。

作业4:本周请问你用了哪几个技巧(替代惩罚)?孩子的反应如何?

讲后赠言:家教谚语
养子莫溺爱,溺爱会溺坏;教儿光说好,后患小不了。
植树靠培育,养儿靠教育;教子从小起,治家勤俭始。
细时藤不扭,大了藤咬手;树小扳直易,树大扳直难。
浇花要浇根,教子要教心;惜花花结果,爱柳柳成荫。
钢淬心才硬,树剪枝才正;越护短越短,越扬长越长。

赠书活动:回答问题
(1)有哪几条法则?
(2)有哪几条结论?
(3)替代惩罚的技巧有哪些?
(4)有哪几条心理学要点?
(5)有哪几条妙语?
(6)解决复杂问题有哪几步?
(7)怎样反省过程、承受结果、替代惩罚?
(8)你打算如何解决问题?举例说明。

（9）课程的目标是什么？

（10）用代替惩罚的技巧，针对自家情况演示一次。

（11）孩子不合作的原因有哪些？

（12）替代惩罚常见的问题有哪些？

（13）你记住了哪些句式？说说看。

第五课　家教通法·鞭策自立

课程目标：1. 帮助孩子成为一个独立的个体。
　　　　　2. 掌握鞭策自立的 7 个技巧。
　　　　　3. 让孩子成为有责任感的人。
课程重点：7 个技巧。
课程难点：把孩子的依赖感降到最低。
课程对象：本课适合 3～15 岁的孩子。做练习时建议你要写下答案，不要跳过练习题目，如果能和其他家长交流更好。
导入语：今天分享"鞭策自立"。认真听，将会有惊喜，相信吗？听到最后，谁答对 5 个问题，赠书一本。好不好？
复习提问：交流家教通法·替代惩罚的心得体会及技巧运用。
新课介绍：课程目标、课程重难点、课程理念。

第一节　重要目标、鞭策自立

鞭策自立，首先要懂得孩子的心理。我们的目的就是让孩子将来成为独立的人，责任心强的人。

听讲话：我们不能认为顺从地听就是"孺子可教"。听讲话有下面表现：呆望着听；低着头认真听；面带笑容听，听完之后马上离开。第二、第三种听会有成绩。听讲话时如果把双手交叉在胸前说明听话人有反抗意识。

眼神：一接触对方的眼睛就悄然移开，视线朝下，是怯弱的表现；视线岔开是拒绝的表示；笔直的视线是敌对的表示；朝上的视线是自信的表现；视线略微上扬，处于恍惚状，是有较高的欲望，但目的模糊；眼睛发亮，视线朝正面注视，说明非常关心，也有警戒心；眯起眼睛似乎合上眼皮，视线朝下是

上篇 家长课堂

注意力分散，不想听你讲下去。

家长的最大愿望是当有一天孩子离开我们的时候，自己能独当一面。我们不希望孩子活在父母的阴影里，成为我们的翻版，如何帮助他们成为一个自立的人呢？让他们自己做自己的事情，让他们亲自经历各种问题带来的挣扎，在自己的错误中成长、体验人生。

说起来容易做起来难。刚开始看到孩子系鞋带艰难的样子，会忍不住帮他系上。如果我们事事帮助，孩子怎能自立？

依赖心理：当一个人一直依赖另一个人的时候，会产生某种情绪，感到受约束不舒服。孩子们通常会热衷于选择，选择能给他们带来美好的感受。在与孩子沟通的时候，你采取选择提问，他会喜欢。

我们来看下面的描述，说出你的反应。

（1）4岁孩子每天听到的是"你累了，躺下歇会儿""我给你洗脸""你想上厕所吗""多吃蔬菜有好处"……

你的反应是：

（2）9岁孩子每天听到的是"作业需要我帮忙吗""那件衣服不适合你""放学后我去接你吗""饭我给你端来了"……

你的反应是：

（3）18岁孩子每天听到的是"你别学开车，我怕出事故""你想去哪里我开车送你"……

你的反应是：

依赖心理：当一个人处在依赖别人的境地，随之而来的，除了感谢以外，更多的感受是没有能力、没有用、没有价值观、怨恨、挫败和生气。

这个无奈的事实让我们做家长的进退两难。一方面，孩子需要帮助，有太多的事情需要我们告诉他们怎么做；另一方面，他们的依赖，导致对我们不满。怎样将孩子的依赖降到最低？怎样让孩子成为一个有责任感的人？鞭策自立的机会天天都有。

下面提供的 7 个技巧，让孩子依靠自己，而不依靠我们。

第二节　鞭策自立的七个技巧

1. 让孩子自己做选择。

如"你是现在做作业，还是吃完饭做作业"？

让孩子自主选择，就给了他一个学习选择的练习，为将来面临挑战性的选择奠定了基石。

2. 尊重孩子的努力。

如你见到孩子系鞋带时说："系鞋带能锻炼你手指的灵活性！"

当孩子的努力得到尊重，他会集中精力去做事情，直至成功。遇到困难时请教给他方法。

3. 不问太多的问题。

如你问："老师说作文怎么样？数学及格没？体育呢？……"

问太多的问题，会让人感觉私人生活被侵犯，他想说的时候自然会说。

4. 善用外部资源。

孩子说："爸爸，你帮我辅导一下数学，我都跟不上了。"答："你能不能让同学来帮你辅导一下？"

家庭以外的好资源是学习的榜样，能让他扬长补短、虚心请教。

5. 别急着告诉答案。

如孩子问："雨是从哪里来的？"答："这是个有趣的问题，你是咋想的？书会告诉你答案。"这样回答能启发思维，让孩子自己去读书寻求答案。

6. 别毁掉孩子的希望。

如"噢，你想到太阳上去，发明耐高温的宇航服就行了"。

不让孩子失望，就是保护希望和实现梦想的努力。

7. 不要束缚孩子的想象力。

如问"树上5只鸟，打死1只，还剩几只"？孩子答"还剩3只"。家长的本意是让孩子回答没有鸟了，枪一响都飞了。可是，孩子认为鸟爸爸被打死了，鸟妈妈被吓跑了，剩下3只小鸟都不会飞。这也是一个充满想象力的答案。

不要说什么乱七八糟的，孩子听了不高兴。

下面的练习，先看家长原话，再对应7个技巧来修正。

（1）现在就去洗澡。

修正：（让孩子自己选择）……

（2）把脚伸出来，我给你穿！

修正：（尊重孩子的努力）……

（3）今天好玩吗？游泳没？辅导员怎么样？

修正：（不问太多的问题）……

（4）你太胖了，要少吃糖和点心。

修正：（鼓励孩子善用外部资源）……

（5）爸爸努力工作是想让我们有好吃好穿的。

修正：（不急于给答案）……

（6）就你的数学成绩还想当工程师？

修正：（别毁掉孩子的希望）……

（7）雪化了变成什么？或者砖头有哪些用途？

修正：（不要束缚孩子的想象力）……

下面我们来举例说明技巧的运用，并进行对比，体会效果。

1. "你想吃半碗还是一碗？"这样的选择给了孩子练习做决定的机会。如果从小没有自己做过选择，将来对职业、生活、伴侣的选择都有困难。

2. 孩子做分数加法遇到困难时，你说："分数相加，不太容易找公分母。"当孩子的努力得到尊重，他就会集中精力去找公分母，自己解决问题。

反例："分数相加很简单，我来帮你"，你这样说，孩子会有依赖性，不会积极思考，不能够自立。

3．"回来了？开心吗？"孩子听了你的问话，感到高兴，认为你在关心他。

反例："集会玩得好吗？都谁去了？吃的什么？他们对你热情吗？你和谁坐一起？……"问题太多，让他感到你啰唆、烦人，不想回答你。

4．"爸爸，我的鱼看起来生病了，怎么治？"答："嗯，我觉得你可以去问问卖鱼的老板或者查下资料。"让孩子知道凡事不能都依赖家里，多向社会学习、请教，走出去。

5．"妈妈，奶奶为什么每周末来我们家？"答："你想知道吗？自己先想一想。"

6．"妈妈，我想演主角，你觉得我行吗？"答："哦，你想演主角，这是个不错的想法。"不让孩子失望，就是给他希望和力量。

7．"妈妈，起初石头是从哪里来的？是不是天上掉下来的？"答："也许吧，书会告诉你答案，看书吧。"

练习1：孩子说："我不喜欢吃面食了，也不想吃早饭了。"

家长（让他依赖）：____

家长（让他独立）：____

练习2：孩子说："外面冷吗？我用不用穿毛衣？"

家长（让他依赖）：____

家长（让他独立）：____

练习3：孩子说："我想攒零花钱买玩具车行吗？"

家长（让他依赖）：____

家长（让他独立）：____

想找到一种新语言来鞭策自立是个挑战，鞭策自立的整个过程非常复杂。在情感上,我们无法割断与孩子的联系,我们做不到。明明几句话就可以让他们避免受苦,不愿意眼睁睁地看着自己最亲的人犯错。当孩子问"妈妈,你说我该怎么做"的时候,我们要控制自己不马上告诉他该怎么办。

更困扰我们的是,当孩子不再黏着我们的时候,我们会突然感到一种失落。小生命多么需要我们照顾,这种"照顾"让我们感到满足。当发现闹钟叫醒孩子比妈妈呼喊更有效时,我们终于松了一口气,孩子能够自立了。当孩子问"为什么不行"的时候,妈妈知道他开始思考问题了。

总之,我们为孩子的进步感到骄傲,为他们的成长感到欣慰,也会为他们不再需要我们感到失落。我们把我们的爱、我们的体力、我们的智慧和经验都给了孩子,为的是有一天能让他们有自己的力量和信心离开我们。这不仅是为了孩子,同时也是为了我们自己。

自立技巧与以前学的技巧对比

自立技巧:	以前学的技巧:
让孩子自己做选择	接纳感受
尊重孩子的努力	说出你的感受
不问太多的问题	提示
别急着告诉答案	解决问题

情景演示:下面是孩子表达的,看家长应对的技巧。
孩子说:"妈,今天上学我迟到了,你明天早点喊我。"

继续依赖:	让他独立:
自立技巧:	以前学的技巧:

感悟:
我们了解了培养孩子自立的重要性,同时,内心也充满了

矛盾。有时我们图省事，会叫孩子起床，给他扣扣子，问他吃什么，帮他做事，这样快捷些。

结论：我们要尽量克制自己去提供建议，就是孩子问"妈，我该怎么做"时，也要控制，不马上告诉他该怎么办，尽可能地用新技巧来鞭策孩子自立，培养孩子的责任感。请至少把一个技巧运用到鞭策自立的行动中，让他们感到自己是个独立的、有能力的、自立的人。

情景演示：孩子说"哦，我怎么系不上扣子了"？
让孩子继续依赖：____ 让孩子独立：____
作业1：你想把鞭策自立的哪个技巧用在行动中？
作业2：你替孩子做了什么他自己可以做的事情？

第三节　建议和家长故事

建议

1. 让孩子自己选择和尊重他的努力。

有人在用技巧时，感到不舒服，认为选择不算选择，只不过是把拒绝变得"合理化"了，只有让孩子参与，他才能想出大家都能接受的选择。比如过马路时，妈妈说："你是拉着爸爸的手还是妈妈的手？"孩子说："我抓住推车一样安全。"

有的家长又说，尊重孩子，我们不能看着孩子挣扎而无动于衷。这个时候，建议你给孩子一些提示，而不是替他去做。比如你提示"有时候，把拉链的链头伸直、对齐，会好拉一些"。用"有时候……会好些"，即使不管用，孩子也不会感到失败。

原则：父母虽然愿意替孩子做事，但培养的原则是，让他有责任感。

2. 不问太多的问题。

经常听大人说："你出去了？你去哪儿了？出去做啥？"

他们在没准备或者不想回答的时候，随口答道："我不知道，别烦我。"

3. 别急着告诉答案。

孩子经常会问各种各样令人困惑的问题："起初是先有鸡还是先有蛋？""彩虹是什么？""人为什么不能随心所欲？"……你说："问得好，真聪明。要回答这些问题，需要好好读书，书会告诉你答案。"这样巧妙的回答，你不失面子，也满足了孩子的好奇心，并且也让孩子有了读书的兴趣，懂得了书是知识的源泉。千万不要给孩子一个错误的或者模棱两可的答案，不会的就要查。其实，他们提问时，就已经在想答案了，只是想深入探索，搞准确。

4. 善用外部资源和不要放弃希望。

减轻孩子对家庭的依赖，告诉他外界有许多资源，只要需要，就可利用。如怎么养花草，查电脑。生活的乐趣来自梦想、幻想、期待和计划，只要保持好奇心就能感到快乐，如果认为自己什么都知道，那就不快乐了。

5. 不要在细节上过多干涉孩子的生活。

孩子不愿意听"坐直""把头发捋一捋""穿好衣服""闭嘴咳嗽""不能随意花钱"……他的回答是"这不关你的事，别烦我"！

6. 无论孩子大小，不要当着他的面议论他或者评价老师。

比如你说"他以前害羞，现在好多了"。孩子听了，觉得自己像父母的私有财产似的。

7. 让别人去问孩子问题。

如果有人当着孩子的面问父母："你孩子愿意写作业吗？"这个时候，你叫问话的人去问你的孩子，只有他自己才知道怎么回答。你不要代替他回答。

8. 孩子"没准备好"怎么办？

比如到了河边，他希望下水游泳，但没有准备好，有点怕。你说："我不担心，如果你准备好了，就可以进水里玩了。"

9. 对孩子不要说太多的"不"。

生硬的"不"会挫伤孩子的热情，感觉这是对自己的攻击，他会尽其所能地反抗、尖叫、骂人、怒发冲冠。该怎么做呢？投降还是说可以？顺从当然不行，会让孩子更加专横霸道。下面的方法可使家长既坚定立场，又不招致对抗。

代替说"不"的方法。

（1）提示。如"你不能去，就要开饭了"。

（2）接纳感受。如"我看出来你不想走，但我们现在就走，不能多玩"。

（3）描述问题。如"我想带你去，但外婆说要来，你等会儿"。

（4）用"是"代替"不"。如用"当然可以，吃完饭就走"代替"不行，你还没有吃饭"。

（5）给时间想想。如用"让我想想看"代替"不行，你昨天才去的"。

（6）当孩子想清楚怎么做的时候，我们最好不要管。

10. 为什么不能给孩子过多的建议？

如果马上给孩子建议或者建议过多，他会觉得你认为他傻，怨恨地说"别干涉我的事"或者说"你真以为我不知道怎么处理吗"。

如孩子给朋友过生日，这个时候你提建议，会影响孩子自立。他怨恨你干涉他的事情，会被激怒，实际上，他愿意为自己的决定负责。

11. 尊重孩子偶尔出现的"没准备好"。

有时候，孩子很想去做一件事情，但是没有准备好，我们不要去强迫和催促孩子，相信他最终会准备好的。你说"我不担心，如果你准备好了，就去做"。

83

12. 充分利用外部资源。

遇到问题，告诉孩子可以解决问题的网站，让他看看上面是怎么说的。

13. 应该怎样看待孩子的个人空间？

原本喜欢黏着妈妈、缠着爸爸的小孩，不知什么时候开始已不见他撒娇的模样。这对身为父母的大人来说，总感到有点失落，不过这表示孩子已经长大，有了自己的个人空间了。孩子抑制自己对父母依赖的同时，尝试建立自己独立的个人空间，这是孩子成长的必经之路。

孩子在2～3岁，开始准备进入个人空间，一直到4岁前后，准备基本完备。一到这个时期，孩子明显不再黏着父母亲。到了7～8岁，孩子已有分明的个人空间。直到青春期，这一过程终告完成。

家长要尊重孩子的个人空间，不能随便进出孩子的房间，伤害孩子的独立自主性，不能监视他们的学习情况，甚至偷看孩子的秘密。这么一来，给孩子独立的个人空间的本意就扭曲变形了，孩子就有可能产生"逆反"心理。

研究表明，有自己的房间、有可供自由支配的零用钱、没有和父母同寝的孩子，独立生活能力极强，上进心也强。

要想让孩子的个人空间发挥作用，父母就应该节制自己凡事想过问、干涉的欲望，把房间全权交给孩子自行处理。但要留心观察孩子的行为，促其自立心早日萌芽。

心理学家研究表明，大脑喜欢空间、颜色。孩子房内的摆设到整理、清洁，都要宽敞明亮。尤其是在高考、中考的激烈竞争中，孩子确实需要一处伏案苦读的专门空间。但不要把它看成是督促孩子用功的场所，必须将孩子的房间当作是家里的另一户人家。孩子一到10岁，对隐私权的需求急剧增强，进出孩子的房间要敲门或事先打招呼。

家教通法·鞭策自立

家长打来电话说

1. 我也是老师，听了你的课，可以帮助我从容面对学生，懂得怎样发挥孩子们的主观能动性。有一个孩子是班上的活宝，自己不学习还干扰他人，考试不及格，甚至0分，按你讲的方法，我对他说："我想和你谈谈，看怎么能帮助你学习。"我的话让他一惊，说："也许我会改的。"后来我经常鼓励表扬他，也让同学们帮助他，还一个劲儿地说他好，后来他真的在变化了。

2. 我的孩子不爱与我说话，因为我好问"今天上学怎么样"？按照你讲的方法，他每次放学回家，我改说"回家了"！他很开心，不再躲我了，还主动与我说话。

3. 我儿子原来是个爱生气又反叛的孩子，我们运用了你讲的技巧，使我们的家庭生活和亲子关系都有了非常大的改善，感谢你讲的简单技巧给我家带来的变化。

4. 我的朋友问我儿子最近变化大是啥原因，亲子关系是怎么改善的？我说听了"鞭策自立"的课，用"鞭策自立"的技巧使他变化的。

5. 我儿子不会用刀，听了你的课以后，我买了个塑料刀让他练习，后来，吃苹果的时候，他会用刀削皮了，他觉得自己长大了，能自立了。

作业1：孩子说："妈，我不想吃早饭了。"
让孩子继续依赖：____ 让孩子独立：____
作业2：孩子说："外面冷吗？我用不用穿毛衣？"
让孩子继续依赖：____ 让孩子独立：____
作业3：孩子说："你知道吗，我想攒零花钱买电动车。"
让孩子继续依赖：____ 让孩子独立：____
作业4：孩子说："同学邀我聚会，我该怎么办？"

让孩子继续依赖：＿＿＿ 让孩子独立：＿＿＿
作业5：你替孩子做了什么他可以做的事情吗？

讲后赠言：珍惜孩子的心灵

好个热闹家庭，时时电闪雷鸣；夫妻唇枪舌剑，争吵格斗不停；一个声如吼狮，一个眼赛铜铃；上咒老人该死，下骂小儿混混；污言秽语连片，四邻鸡犬不宁；儿女常常观战，饱学家教作风；妈妈口才真棒，爸爸也够机灵；战斗里面成长，难怪粗野孤独；教育贵在启蒙，家风世俗相承；珍惜孩子心灵，教育定能成功。

赠书活动：回答问题，你知道本课

（1）有哪几条原则？
（2）有哪几条结论？
（3）鞭策自立的技巧有哪些？
（4）有哪几条心理学知识？
（5）有哪几条妙语？
（6）教育孩子自立有哪几招？
（7）鞭策自立，你有哪些方法和窍门？
（8）你打算如何用鞭策自立？举例说明。
（9）课程的目标是什么？
（10）用鞭策自立的技巧，针对自家情况演示一次？
（11）有时候，孩子不自立的原因有哪些？
（12）鞭策自立，常见的问题有哪些？
（13）心理研究表明了什么？
（14）代替说"不"的方法有哪些？

第六课　家教通法·释放角色

课程目标：1. 帮助孩子成为一个独立的个体。
　　　　　2. 掌握释放角色的5个技巧。
　　　　　3. 让孩子成为有责任感的人。
课程重点：5个技巧，如何运用。
课程难点：释放角色的材料分析。
课程对象：本课适合3～15岁的孩子。做练习时建议你要写下答案，不要跳过练习题目，如果能和其他家长交流更好。
导入语：今天分享"释放角色"。认真听，将会有惊喜，相信吗？听到最后，谁答对5个问题，赠书一本。好不好？
复习提问：交流家教通法·鞭策自立的心得体会及技巧运用。
新课介绍：课程目标、课程重难点、课程理念。

第一节　把孩子从负面角色中释放出来

原理：一个人的思维永远是属于他自己的，任何人也不能剥夺，你可以剥夺其他，但不能剥夺他的思维。尽管你是他的父母，你的话千真万确，他也要先思考一下，然后再做决断。

一个非常实用的万能短语，就是"等他准备好"！遇到孩子不肯吃蔬菜的场景，可以这样解释："他还没准备吃菜"或者类似"他还没想好怎么说""等他准备好，就去"或者说"孩子，我知道你准备好了，会去游泳的"。有些孩子，他们为什么有时候不愿意与父母说话？就是因为父母没有把角色释放出来。如果你说"他准备好的时候，会愿意和我说的"，他也许就会笑着回应你。你以前老是认为他不说话，你不知给他贴上了多少"不说话"的负面标签，甚至，当着他的面向别人表明他不说爱话，让他怎么想？错在家长给孩子贴上了负面标签。

原则：当孩子不顺从的时候，不要强迫。他也不希望原地踏步，当他感到时机成熟的时候，也会试着去改变。

实例分享：一个妈妈说，以前，当孩子在朋友家玩的时候，我总是陪着他，每当我离开的时候，他总是哭，不让我走。我怎么解释都没用。后来，我告诉他说："如果你准备好了，就待一会儿，我出去做点事，马上就来。"结果，真的变化了。就这么简单，以前我怎么解释，他虽听到，但无济于事。

有的孩子有"输不起"心态，孩子"输不起"根源是对规则的不认同。不知道方法不当就输，行为不当就输。在孩子的游戏中，小孩子不懂得什么叫规则，只知道输赢。家长担心孩子因为"输不起"，而影响友谊。对于大孩子来说，游戏是学习社交的手段，如果输了，做到不生气、不沮丧是很难的。现提供两种方式变换玩法，可以弱化竞争、玩得高兴，又没有大的情绪波动。

孩子们赛跑时，经常指责对方犯规。赛跑的时候，你可提高难度，设置障碍物，一个孩子跑，另一个计时，记录下来。下一轮的时候，每个孩子都跟自己上次的成绩比。这种玩法很神奇！你认为他们会互相比较，但他们却没有。

赛跑规定一个里程，第一个跑完全程的是冠军。家长必须也参加跑，并且必须跑完全程，还要落在最后。因为，如果有孩子没有跑完全程或者是落在最后的话，他会感到非常沮丧。这个游戏的结果大家都很满意。

只要我们家长开动脑筋想办法，就一定能把孩子从一个角色中释放出来，做到胜不骄败不馁。让他们享受游戏的过程，而不觉得自己是失败者。

妙语：释放角色，就是要把孩子的害羞、胆小、不敢为等负面角色释放出来，转变成为胆大、勇敢、敢作为的正面角色，使之早日自立。

第二节　如何看待孩子、影响他们的行为

如果你给孩子一个"反应慢"的标签，他便开始认为自己就是慢；如果你给他一个"淘气"的标签，他就会向你表现出淘气；如果你给他一个"倔强"的标签，他就觉得自己倔强。无论如何，我们都应该避免给孩子贴负面标签。

孩子为什么会被贴上各种各样的标签呢？孩子原本是清白的，不知不觉就被家长安排了某种角色，或许他们有点毛病，或许是你制造的、安排的。最初如果你不安排他那个角色，也可能他就不去演那个角色，或许有一个缺点当初就纠正了。

例如，哥哥对弟弟说："把书给我拿来。"弟弟说："自己拿，不要总指挥人。"妈妈听了说："你又指挥人。"爸爸说："听，老大又在发号施令。"

渐渐地，老大被分配到"发号施令"的角色中，他就开始认可这个角色，并且进入这个角色中去表演。因为都说他"发号施令"，他就不得不这样去做了。看下面的场景，想象一下孩子是什么心情。

情景演示：爸爸与妈妈玩拼图游戏，孩子问："我是不是可以一起玩？"

情景1：妈妈说："作业完成了吗？"爸爸说："你确认都会了？一会儿我要检查。"孩子又问一遍可不可以玩。爸爸说："好，你先看怎么玩。"

结果他玩错了，妈妈不满地看了他一眼。

思考此情景中父母是怎么看待孩子的：

孩子是怎么想的：

情景2：妈妈说："你还有别的事情吗？"孩子正要去玩，

妈妈说:"你不要给我弄乱了。"爸爸说:"你还不死心吗?"妈妈说:"只能这样玩!"

孩子白了妈妈一眼。

此情景中父母是怎么看待孩子的:

孩子是怎么想:

情景3:妈妈点点头:"当然可以啦!"爸爸说:"拿把椅子来!"孩子又玩错了。妈妈说:"差一点点。"爸爸说:"通常玩法一边是齐的,一心一意,就能拼好。"

最后孩子发现了窍门。妈妈笑了。

此情景中父母是怎么看待孩子的:

孩子是怎么想:

剖析:有时候,一个眼神、一个语调、一个词就足以告诉对方是一个迟钝的人,一个反应慢的人,一个讨厌的人,一个有能力的人,一个有心计的人。父母怎么看待,通过短短的交流就清楚了。父母看待孩子的方式,不仅影响他的感受,还影响他的行为。

贴上"一心一意"的标签,孩子就充满了信心。就可能充当一心一意的角色,影响他一生。

在这三个练习中,情景1:孩子不受欢迎,并且妈妈认为他"笨、慢",孩子自信心是不是被摧残?所以他沮丧,内心想"还有什么可试的"。

情景2:不受欢迎,受到爸妈冷落,他觉得被拒绝,会生气。

情景3:受到欢迎,他会觉得自己有能力,即使犯点小错,也会选择坚持、再试一次。

妙语:父母如何看待孩子,不仅影响到孩子如何看待自己,也会影响到他们的行为。永远都不要低估了你的话对孩子一生的影响。

但是,如果一个孩子,不管是什么原因已经陷入到了一个角色中,是不是就意味着他就要扮演这个角色,被永远禁锢在这个角色中?还是能够从角色中释放出来?下面5个技巧,就能帮助我们家长把孩子从负面角色中释放出来。

第三节 释放负面角色的五个技巧

1. 寻找机会让孩子看到全新的自己。

例如,孩子说:"炒菜少放点盐。"妈妈说:"我喜欢你这种说话方式,说出自己的想法又不责怪人。"

贴上"不责怪人"的正面标签,孩子以后就不会埋怨人。

又如,妈妈说:"这个玩具是你3岁玩的,现在看起来仍和新的一样。"

贴上"不损坏东西"的正面标签,孩子以后就会爱惜财物。

再如爸爸说:"我正要找电工,你就发现插座坏了,这是你细心发现的。"

贴上"细心"的正面标签,孩子以后会认真观察。

2. 创造机会,让孩子另眼看待自己。

例如,妈妈说:"你觉得钱包放在桌子上好,还是放在抽屉里好?"孩子感到被尊重,产生存在感、价值感。

贴上"尊重"的正面标签。

又如,爸爸说:"你能不能想办法把抽屉的把手拧紧?"

贴上"想办法"的标签,孩子就会主动地配合你。

再如,你帮助孩子回忆过去发生的事,可唤醒孩子的自信。如"你记得我上次是怎么说的?"贴上"好好回忆"的标签。

3. 让孩子无意中听到你的正面评价。

例如,妈妈对爸爸说:"今天打针的时候,她没哭,自己把胳膊伸出来了,真乖!"

贴上"不哭"的正面标签,孩子下次就不怕了。

4. 记住孩子那些特别的时刻。

例如，妈妈看见孩子在翻跟头说："我想你们老师从来没看见过你倒立、翻跟头的样子。"

贴上"身体协调性好"的标签，孩子喜不自胜。

又如，妈说："记得你 5 岁的时候，有一次翻窗进屋，从桌子上跳下地，给我开门。"

贴上"勇敢"的正面标签，孩子以后会面对困境。

再如，你看见孩子"金鸡独立"说："两臂张开能平衡身体，说明你已悟出'重心'的道理了。"孩子觉得自己长大了。

5. 当孩子在角色中行事时，表达你的期望。

例如，妈妈说："我不喜欢看到玩具乱丢，不玩的时候，放在箱子里。"

贴上"归还原处"的正面标签，以后孩子会按要求做。

又如，爸爸说："不能用手抓菜吃，那样让人恶心，等客人来了一起吃。"

贴上"懂礼貌"的正面标签。

再如，妈妈说："我不喜欢你这样，输了就哭，做人要大度。" 贴上"输得起"的正面标签。

帮助孩子从不同角度认识自己的确不易，要用到所有的技巧。当孩子一再重复错误时，不仅需要克制自己，而且还需要我们花时间去帮助孩子释放角色。多想一想，多问问自己，做做下面的练习，很重要。

（1）孩子在家里、学校、亲戚家，通常都是什么角色？

（2）这些角色是负面的还是正面的？

（3）你希望孩子扮演什么角色？

如果你以前已经给孩子贴上了某方面的负面标签，现在要想办法纠正过来，把孩子从负面角色中释放出来，重新认识自己。把孩子扶上马，往新路上送一程。

例如，一位母亲以前称呼女儿是"健忘症"，写了张纸条给她女儿，帮助她重新认识自己。

亲爱的女儿：

今天你忘记带钥匙了，我相信你能找到办法，从现在起想想怎样才能记住带钥匙。

爱你的妈妈

又如，一位父亲以前称呼过儿子是"暴徒"。现在改变说："儿子，我知道在你写作业的时候，弟弟好干扰你。但是，你打人太过分了，你有没有办法不让弟弟打扰你呢？"

我们还需要花时间去制订计划，怎样帮助孩子从负面角色中释放出来，这是我们的艰巨任务。

花时间想一想，你以前给孩子贴的负面标签有：

你打算怎样让孩子从负面中释放出来：

作业1：想想，孩子在家里通常会是什么角色？在学校呢？在亲戚家呢？

作业2：想想，孩子负面角色中有没有正面因素？如调皮里有幽默。

作业3：你希望你的孩子释放什么角色（如固执）？打算怎样释放？

作业4：看一下下面所列的技巧，说出你想说的例子，这个练习有点难。

（1）寻找机会重新认识孩子：

（2）创造机会让孩子另眼看自己：

（3）让孩子无意中听到你的好评价：

（4）以身作则：

（5）记住孩子的特别时刻：

（6）当孩子错误行事时，说出你的期望：

（7）你有什么新技巧？说出来。

作为家长,最重要的一点是,不能放任自流、不能随波逐流。那样会让孩子在负面角色中陷得更深,我们的任务也是义务,就是帮助孩子从负面角色中释放出来。比如孩子"顽固",我们就来想办法,该怎么对他说?

(1) 寻找机会让孩子看到全新的自己:"孩子,你虽然想留在家里,但还是同意和我们一起去外婆家,你很体谅人。"

(2) 创造机会让孩子另眼看自己:"家里每个人的口味都不同,你想想办法,打破这个僵局。"

(3) 让孩子无意中听到你的好评价:"他想出来了个折中的办法,穿上旧鞋带上新鞋,等新鞋干了再换下来,他真有办法。"

(4) 以身作则:"我好失望,咱俩都想去广场,可爸爸说要去爷爷家,哦,我想还是把去广场的事推后吧。"

(5) 记住孩子的特别时刻:"我记得第一次上学你好积极啊,老早喊我,帮我找东西,走在我前面,写的字像刻的一样认真。"

(6) 当孩子犯错时,说出你的期望和感觉:"尽管你不喜欢换衣服,但我还是希望你穿着得体,出门做客要尊重对方。"

经过努力,一个倔强的孩子遇到了一个善于坚持的妈妈,倔强的孩子屈服了,改变了,原因是方法对头了。如果以后他有时候还是"固执",你可能说他"不讲理",这时他会反驳你:"你就是这样看待我的吗?我现在对我自己已经有了全新的认识,我不固执了。"

孩子逆反怎么办?

"逆反"就是不服管教不听话,孩子越大越有个人想法。家长认为孩子不按大人的想法去做都是错的。试想:如果孩子唯唯诺诺,唯父母命是从,他会变成什么样?从孩子会说话那天起,他们就有是非对错的概念了。

比如,你把两岁的孩子放在高桌上,让他往下跳,他会吗?

不会。如果你欺诱孩子往下跳"没事,爸爸不会骗你"。也许孩子会往下跳,当摔跤之后,可告诉孩子,凡事都要想一想怎么做,自己拿主意。在未来的世界里,任何人都可以欺骗你,包括你的父母。可见逆反是自我保护的一种表现,是孩子本能的安全意识。

经常听到家长们说孩子不听话,犟得很。这不是坏事,有个性。我喜欢犟孩子。古人说:犟人多将军。当孩子犟时,说明他对这个问题没懂,你只要讲懂,让他明白这样做的道理,不这样做的危害,他就不犟了,听话了。当然,道理讲后,如果还犟,这就是危险的性格特征,是可怕的心理,有必要实行强制措施,不要打,要动之以情,晓之以理。我遇到一个孩子,犟得很,家长头疼,拿他没办法,请我教育。某件事我不让他做,道理讲后,他用双手捂住耳朵说:"我不听!不听!不听!"我声严色厉地说:"你为什么不听?正确的话你必须听,不要认为不听大人拿你没办法,如果你再不听,立即关进小屋或把你拉出去,甚至把你捆起来(这不是恐吓,是一种策略)。"不服管教的孩子这个世界上不存在,我问他,你希望将来成为什么样的人?之后他木着脸看着我,最后表示以后改正,这是从心理上战胜了他。这是一个简单的方法,尽量不采用,只有对个别屡教不改的孩子,迫不得已时用一下。

逆反是生命生长的标志,是生命自由的标志,是生命理性的标志,是自我保护的表现。我们要充满欣喜地去看孩子的逆反。孩子的逆反说明他的自我意识在蓬勃发展,千万不能抹杀孩子自由思考的权利。

在与叛逆孩子"斗争"的过程中,大人不一定每次都赢,即使赢了,从心理学的角度看,是真赢了吗?孩子心服口服了吗?如果没有达到效果,反而助长了他更逆反的心理,甚至会完全脱离了你的控制范围。所以说,如果以负面的方式去管教孩子,去压制孩子的话,结果只能适得其反,好心没有好报。用少命令多建议的方法教育孩子才是真正的好方法。

控制孩子逆反最好的方法是温柔尊重,以平等和气的口气谈话,讲道理,让孩子说出他的心里话。这样做也是在按家长的意志解决问题,何乐而不为呢?至少可使孩子心中不积压反抗的能量,不要说"我说不行就是不行"或"你怎么这么不听话"之类的武断的话。

说到底,孩子不听话怎么办?指着自己的头问"这是什么?干什么用?现在思考怎么办"?让孩子一一回答。这个方法用活了,不但能解决孩子逆反的问题,还能解决家教中的其他问题。

妙语:孩子的逆反说明他的自我意识在蓬勃发展,千万不能抹杀了孩子自由思考的权利。

现在回忆,我们小的时候父母的一些教导和做法,对我们一生都有影响。比如妈妈夸我手巧,我就练习手上功夫,直到现在……

第四节　为了什么和家长故事

生活不是舞台,但我们和孩子每天都在上演着不同剧情,可这是不容我们事先去排练的,虽然学到了一些新技巧,但有时仍可能说出或者做出后悔的事,必须马上调整到正确的方向上来,不能偏离太远,可以暂时偏离,但不要迷失方向。

最后提醒的是,我们都是普通人,有成长的空间和改变的潜力。和孩子生活在一起,不仅需要耗费精力和体力,更需要付出爱心、智慧和忍耐。我们每个人都把孩子看得比自己的生命还要重要,我们必须把父辈的智慧传承下去,多给孩子一个机会,多给自己一个机会。抛弃过去不良的恶习,努力把新技巧运用到生活中去,不要忘记了我们的最终目标。下面我明确一下，我们学习新技巧的目的究竟是为了什么。

（1）为了彼此相爱，开心第一，自己快乐，全家快乐。

（2）为了生活中不再有指责和抱怨，减少吼叫和愤怒。

（3）为了用正面语言表达愤怒和烦躁，为了下一代健康成长。

（4）为了尊重自己的需要，尊重孩子的需要。

（5）为了体谅他人的感受，懂得自己的感受，让孩子成为一个有爱心的人。

家长朋友希望学习了新技巧，就要运用，就要改变我们的生活，哪些技巧对我们有用，哪些没用，你还有什么问题需提出来，可以共同解决。如果你说："改掉坏习惯很难，刚开始技巧有用，一切顺利，常常会不自觉地回到原来的状态，特别是在有压力的时候，我希望使用技巧成为生活中的一部分，但我心有余而力不足。"

我理解这些需要，你可以把邻居家长们自行组织起来，按照讲的技巧去操作，互谈体会、沟通技巧、交流经验。我知道，有些问题不是单凭技巧就能解决的。技巧只能帮助你战胜挫败感，树立正确的价值观，技巧能维护亲情，共同面对负面影响，让父母坚定立场，和孩子一同成长。你把技巧抄下来贴在家里显眼的地方，会对你帮助很大。

作业：你觉得应该给自己孩子贴上哪些正面标签？把它写出来。

家长故事

等她准备好

我以前对女儿说："你已经长大了，可以在朋友家玩了。"但是并不起作用，她还是哭着搴我。我现在说："如果你准备好了，可以在朋友家玩了。"结果真的起作用了。她还说："妈妈，你还记得以前我不敢待在朋友家吗？"我们俩都笑了。

跳棋

我记得第一次买回跳棋和我儿子下,他非常兴奋,问我:"谁先走?输了咋办?"天哪,小小的孩子,体育精神到哪里去了?竟然担心输赢。我一直和他解释,什么是输赢,什么是轮流玩,怎样做个好选手……他不理睬。我改变方式说:"你把你第一次下的时间记下来,不悔棋,再把以后下的时间都记下来,比较一下看哪次用时最短,走的路线又正确,记下来,对你提高棋艺会帮助很大。"他欣然接受,高兴地下个不停,不再关心输赢了。这样把他从"输赢"的角色中释放了出来,对他以后社交和发展友谊、提高技艺鞭策很大。

写便条

我以前总是说儿子"你个笨蛋""你怎么老是让大家等你""我不再对你有什么指望了""你吃饭这么邋遢,咋不会好好吃""你当你是三岁小孩",等等,他却不能把"负面角色"释放出来。现在,我把我的想法写成纸条给孩子,他看后竟然神奇地变化了。我写道:

亲爱的儿子:

我昨天很开心,你自己起床、穿衣服,然后等着我送你去赶校车,这让我觉得轻松了许多。

谢谢!

爱你的妈妈

负责任的姐姐

我对大女儿说:"看好弟弟,玩滑梯的时候拉住他的手。"我在想:是不是安排了一个"负责任的姐姐"的角色,给姐姐太多的压力?我同样又想:是不是忽视了弟弟的能力,太宠爱

家教通法·释放角色

他了。我想的越多越觉得自己不会"角色释放"。后来，我开始慢慢判断两个孩子的需要，让弟弟自立一些，同时也减轻了姐姐的压力，我应该给他们一个选择，对弟弟说："是让姐姐拉住你的手玩，还是你自己抓住扶手玩？"方法有了，提供选择，可以释放角色。我以后经常使用这个方法，都有效果，孩子们的自立能力也逐渐增强了。

"骗子"的角色

有一天，邻居打来电话说我儿子拿了人家的一朵鲜花。我非常气愤，心想，他一定不承认。最近他说了几次谎了。

我知道自己没有处理好这件事，我总是要求他告诉真相，但他总是撒谎，我骂他是个骗子，长篇大论地讲道理，结果更糟。我参加了关于"角色释放"的课程学习，决心不能让他再扮演"说谎者"的角色了。

晚上他回家，我没有质问"是不是你？你确认不是你吗？别再说谎了"之类。我直接切入主题"邻居说你拿了人家一朵花"？

"没有，我没有，他们骗你的。"

"我不管骗不骗，事情已经发生了，为了某种原因，我们想想怎样弥补人家。"

"我想送给讲师团英雄。"说完他哭起来了。

"哦，原来是这样，谢谢你说了实话，我知道说实话会惹来麻烦的，我谅解你，那你说怎么办呢？"

"你帮帮我。"

"我觉得应该付给人家钱，你觉得这样行吗？"

"行，花已经送人了，不可能再要回来。"

放学了，我们一起去了花店，他认了个错，就飞快地跑回家。

我认为，从今以后，他不会再拿人家花了，也觉得他以后

99

不会再说谎了,他会对我敞开心扉。即使偶尔说谎,也不会再扮演"骗子"的角色了。

经验告诉我们:永远不要低估了"角色释放"对孩子一生的影响力。这是一次管一生的教育。

讲后赠言:心想·事成

热心——是勤奋学习的"充电站";
耐心——是获得甜果的"自豪家";
专心——是攻无不克的"金刚钻";
宽心——是健康益寿的"灵芝草";
妒心——是人体内部的"毒性瘤";
一心——是人体能力的"催化剂";
信心——是飞向理想的"神天使";
恒心——是攀登事业的"神天梯";
雄心——是披荆斩棘的"开山斧";
虚心——是金色秋天的"丰收者";
诚心——是友谊花园的"艳丽花";
细心——是留心观察的"驱动器";
灰心——是时代潮流的"淘汰者";
躁心——是前进路上的"绊脚石";
假心——是自欺欺人的"自焚者";
歹心——是自我残杀的"刽子手";
私心——是走向深渊的"大祸根";
爱心——是获得帮助的"机器人";
安心——是成就大厦的"脚手架"。

赠书活动:回答问题,你知道本课

(1)有哪几条原则?

（2）有哪几条结论？
（3）有哪几个原理？
（4）有哪几条妙语？
（5）有哪几个技巧？
（6）一切为了什么，怎样做到？
（7）你打算如何释放孩子的负面角色？举例说明。
（8）课程的目标是什么？
（9）你认为父母好给孩子贴哪些负面标签？
（10）你觉得应该给孩子贴上哪些正面标签？与赞美有什么异同？

第七课　家教通法·融会贯通

课程目标：1. 帮助孩子成为一个独立的个体。
　　　　　2. 掌握各种技巧。
　　　　　3. 让孩子成为有责任感的人。
课程重点：技巧归宗。
课程难点：融会贯通，材料分析。
课程对象：本课适合3～15岁的孩子。做练习时建议你要写下答案，不要跳过练习题目，如果能和其他家长交流更好。
导入语：今天分享"融会贯通"。认真听，将会有惊喜，相信吗？听到最后，谁答对5个问题，赠书一本。好不好？
复习提问：交流家教通法、释放角色的心得体会及技巧运用。
新课介绍：课程目标、课程重难点、课程理念。

第一节　精彩继续、技巧归宗

1. 真真赞美技巧（3个）：
技巧一：描述你所看到的。
技巧二：描述你所感受的。
技巧三：把赞美孩子的行为总结成一个词，贴上正面标签。

2. 回应感受技巧（4个）：
技巧一：专心倾听孩子说出心里的感受，让他讲完，不建议，不指示，不说话。说着说着他就说出了解决办法。
技巧二：用"哦""嗯，是这样啊"等，来回应孩子的感受，给他恍然大悟的感觉，认为是你在让着他。
技巧三：用幻想的方式实现孩子的愿望。
技巧四：说出孩子的感受，不要怕说出来他会难过。

3. 勉励合作技巧（5个）：

技巧一：描述你看见的情况或者问题。在家长描述的时候，同时也告诉了孩子应该怎么去做。

技巧二：提示或者建议。给出提示，他们往往知道怎么做。

技巧三：用简单的词语表达出来。孩子不爱长篇大论，话越短越有效。

技巧四：说出你的感受。只要孩子没有受到攻击，一般容易与人合作。

技巧五：写留言条。有时候，文字比说话更有效，更有震撼力。

4. 代替惩罚技巧（7个）：

（1）请孩子帮忙。　　　（2）明确表达立场。

（3）提供选择。　　　　（4）采取行动。

（5）表明期望。　　　　（6）怎样弥补失误。

（6）体验错误行为的自然后果。

5. 鞭策自立技巧（7个）：

（1）让孩子自己做选择。（2）尊重孩子的努力。

（3）不问太多的问题。　（4）善用外部资源。

（5）别急着告诉答案。　（6）别毁掉孩子的希望。

（7）不要束缚孩子的想象力。

6. 释放角色技巧（5个）：

（1）寻找机会让孩子看到全新的自己。

（2）创造机会，让孩子另眼看待自己。

（3）让孩子无意中听到你的正面评价。

（4）记住孩子那些特别的时刻。

（5）当孩子在角色中行事时，表达你的期望。

7. 解决问题的步骤（5个）：

第一步，让孩子说出感受和需求；

第二步，家长说出感受和要求；

第三步，大家一起讨论解决问题的办法；

第四步，把想法都写下来；

第五步，挑出哪些条件能接受，哪些不能接受，哪些要付诸行动，签订"公约"。

8. 记忆的窍门（6个）：

（1）记忆的选择性。　　（2）记忆的明确性。

（3）记忆的坚定性。　　（4）记忆的深刻性。

（5）记忆的理解性。　　（6）记忆新窍门。

我们只要懂得、掌握了以上这些技巧，碰到问题的时候就不是很难解决，这些随时随地都能帮助到你。

例如，一个两岁多的孩子模仿大人倒奶粉，你看见他3次都没有倒进杯里，你会立刻明白这是孩子自立的行为表现，要尊重他的努力，而不是去惩罚孩子把撒掉的奶粉弄起来。要告诉孩子倒奶粉的方法……

这就是你通过学习带给孩子的最好礼物！

你把这些技巧抄下来，贴在家里显眼的地方，会对你有很大帮助，这里也会告诉你如何去做。

第二节　技巧补充、融会贯通

许多人说"技巧我试过了，不见效"。究竟是哪里错了？询问真实的情况和细节，就轻易地知道是哪里错了。看来，我需要做一些补充。

1. 关于选择

把选择权交给了孩子，可有时候他们的想法和我们背道而驰。如"你是去理发，还是去舅舅家吃饭"？他说"我在家里吃，哪都不去，也不理发"。

在给孩子选择之前，先问一下自己，孩子的选择是我们都能接受的吗？你给的选择是不是威胁？孩子会不会觉得你想操控他？选择应该是站在孩子一边，我们希望他干什么，而不是命令他干什么，让他有发言权，不能侵犯他的自由。

如果让孩子选择，必须先尊重他的感受，多给出几个选项。如让小孩子吃药。你说："宝贝，一听说吃药，你鼻子都皱起来了，是不是很痛苦？"孩子会感到妈妈理解他的感受，站在他这一边。接着你说："宝贝，怎样才能让你不难过呢？我帮你想想看：睁眼喝还是闭眼喝？用大勺还是小勺？让我说话还是不说话？让我喂你还是自己来？用苹果汁还是温开水？用水送下去还是磨碎喝？或者你有什么别的意见？"

关键是理解孩子的困难，给他一些主动权，我们就能解决问题。

2. 关于自然后果

在解决问题的时候，最好不要涉及后果，那样会导致沟通不畅。每一个步骤都要建立在信任的基础上，表达美好的愿望，把后果放进来，一旦失败，就会破坏信任，产生怀疑，扼杀积极性。

如果孩子问后果谁承担，你说："先不想后果，现在要做的是想办法……我们怎样齐心努力才能做到。"

解决问题要公平，可以轮流做，但对小孩子不适用，不能用解决问题法。

3. 不说"但是"

接纳孩子的感受之后，不能说"但是"。如果说了"但是"，孩子会感到难过。既然你认可了，就不要拐弯去"但是"。"但是"意味着要反悔、削弱、否定之前说的话。例如："孩子，头发没剪好，让你沮丧，但是，过几天长起来就看不出来了。"孩子想："这用你说？我不知道？我不该沮丧？"删去"但是"，说"孩子，头发没剪好，让你沮丧，尽管过几天能长起来，还是希望理发师听你的。"

4. 不问"你为什么"或者"你为什么不"

善意地体谅孩子，如果用了"你为什么"，换来的是敌意。这样说感觉像是在责备，让孩子想到缺点。如果用了"你为什么不"，听起来像都是因为孩子懒惰、没条理、拖拉、不负责任，才会这样的。例如"你为什么不写请假条"。

5. 关于"暂停法"

"暂停法"也是家教通法，可以替代惩罚，是人性化的方法。道理很简单，你只要把"犯错"的孩子拉到另一个地方去就行了。我认为，没有必要把淘气的孩子孤立起来，即使是暂时的也没必要，不解决根本问题，关键是引导，让他们反思。

6. 关于另一半不配合

有人认为，只要孩子知道你爱他，你怎么说都一样。我认为，爱孩子要讲究方法，方法不对是迷茫的、无趣的，孩子的生活也是不会快乐精彩的。

教育孩子的时候，父母意见不一致，这是教育的大忌。出现一管一护，一方夸一百句，另一方骂一句，管教的结果全被这骂声抵消了。

例如，继母骂孩子"笨蛋"，孩子噘嘴来到父亲面前，父亲不能指责继母，告诉孩子继母是"笨蛋"，应该说："你一定很难过是吧，你是不是希望她不骂你，能和你好好说话？"

7. 关于幽默

幽默能化解矛盾，可以把人们的心情从愤怒转为快乐。但是，父母忙，哪有那么多幽默的话题？许多家长在搞笑、童趣方面，积累了很多经验，值得提倡。

例如，小孩子拒绝穿衣服，你把袜子套在他手上，当然，他会告诉你穿错了，然后，他就会配合。你把裤子穿在胳膊上，他又告诉你："妈妈，应该这么穿，你又错了。"穿衣服游戏总是在笑声中结束。

又如，孩子总是喜欢把鞋子放在门口，你事先写"鞋子"二字，把纸条挂在门上。等他回来看到问："啥意思？"你说："你觉得呢？""哦，你是想叫我把鞋子放好？""猜对了。"孩子笑着说："你应该再写个'洗手'的纸条，叫我洗手。"

8. 关于回应感受

接纳感受可能面临挑战，孩子表达感受的方式完全无法让人接受。例如，带孩子来到商场，看到木马、碰碰车，他停下来，不肯进去。你说："去玩一个？"他说："我不玩，没意思。"家长觉得又要生气了。有两种回答："你什么意思？是你要来的，你看，所有孩子玩得多开心。"这样回答就糟了。你应该换个说法："看来，你一点也不喜欢，滑梯、蹦床、卡丁车都没意思，都很愚蠢是吗？"孩子说："就是嘛！"接着就玩去了，他回过头来说："妈，你能理解我。"这里面掺杂要面子的成分。嘴上说不好玩，内心还是觉得好玩。

孩子也有些不重要的感受不值得去共情。比如有人捅一下他的胳膊，他就喊叫"真疼"，他只是想得到你的关注，如果回应，岂不是纵容他对小事抱怨吗？如果他哭起来，你问："哪儿疼啊？让我亲一下。"

当你发现孩子不开心的时候，如果你问他怎么回事，他说"没事"，越问他，他就越不告诉你。接纳感受和去除感受根本不同。不要去问发生了什么事，为什么？人对自己的情绪都有自我防卫意识，等他想说的时候，自然会告诉我们。

可以简单地说"看起来你很伤心"或者"有事情让你不开心"。

常用句式："看来你很生气""我也有那样的经历""你一定很难过""你是不是希望不骂你"……

9. 关于勉励合作

有家长说："我怎么培养了这么一个不懂事、没有责任感、说谎、打人、爱发牢骚的孩子！我到底做错了什么？"

例如，孩子踢狗取乐，还为自己发明的游戏高兴地大笑。请你不要生气、难过，把注意力集中在帮助孩子找到和狗玩的办法上，即：回应感受、限制行为、勉励合作、提供选择。他实际上是想拿狗寻求"踢"的一点心理刺激罢了。

"我看你踢得挺高兴，狗不是用来踢的，那样狗会很疼，狗喜欢让人轻轻抚摸。我来看看你可以踢点什么东西？气球行吗？塑料狗呢？"

勉励合作一定要有娱乐性，不能太严肃，不能让孩子感到太乏味，最好拟物化、游戏化、漫画化，或者写留言条。比如孩子大哭不止，无论你怎么哄都不行。这时，你可以画一个大哭孩子的漫画让他看，他瞥一眼就笑了。写留言条是勉励孩子合作较好的方法，特别是对屡教不改和不好处理的事情，此法特有效。

10. 关于替代惩罚

通天难，育人更难；黄连苦，贫穷更苦；春冰薄，人情更薄；江湖险，人心更险。知其难，克其苦，耐其薄，防其险，可以做人也。传统家庭教育的方式已经不适应现代社会，"棍棒底下出孝子"的思想观念应该得到彻底纠正。既然给了孩子生命，就应该好好培养教育，把孩子潜在的能力挖掘出来，好好保护，成就孩子一生。用惩罚教育孩子只能适得其反。下面是来自家长的回应：

禁止外出不管用，他还是要出去；打他不能制止他的行为。挨打的时候，他会想着以后更隐蔽地去做，越打越糟糕；让他待在角落里，他会感到羞愧、害怕，会大哭。

我还是坚持"承受过程"的观点，站在孩子的立场，回应他的感受，解决问题，考虑各种情况，做孩子的引导者。古人曰"我本眼明，因师故瞎"。意思是我的眼睛本来是明亮的，因为老师引导得不对才瞎的。家长也是如此，我们不能让孩子觉得"因妈故瞎、因爸故瞎"。你可提前赞美，替代惩罚。

承受过程就是一个反省过程，反省建立在自我监督畅通的内在反馈机制中，通过这种机制，可以及时知晓自己的不足，及时匡正不当的人生态度，良好的反省是自我心灵中的一种"清洁系统"和"自动纠偏系统"。反省是砥砺自我人品的最好磨石，它能使你真正地认识自我。孩子虽不懂反省，但家长对他有潜移默化的影响。

11. 关于鞭策自立

得心应手的方法就是"用选择替代命令"，孩子们通常会热衷于选择。这不仅能给我们带来美好的感受，还能得到孩子的合作，何乐而不为呢！

比如，孩子用剪子乱剪东西，你说："好吧，我可不想把衣服剪了，让我想想，你可以剪什么东西呢？"看看四周，"废纸、绳子……噢！还有杂草，我想起来了，可以剪杂草。"于是，他会高兴地跑出去剪草，鞭策自立、替代惩罚两用了。家长站在孩子的立场，回应了他的感受，让他寻求了"剪"的刺激，解决了问题，考虑了各种情况。

12. 关于"心理劝导法"

我对此法做过实验，对有些孩子一连串问多个简单"是"的问题，然后，突然问个"不是"的问题，他仍会回答"是"。这个方法是在"不是"的问题上，激励他改掉某方面的不足。如"你今年11岁是吧？""是。""你今天上学了是吧？""是。""你妈是个老师是吧？""是。"……"你喜欢吃蔬菜是吧？""是。"好了，目的达到了。其实听他妈说，他不爱吃蔬菜，我想让他改掉，有意设计了问答。在"不爱吃蔬菜"的问题上，诱导他说出"喜欢吃蔬菜"的"是"的回答。我接着说"爱吃蔬菜是个好孩子，今天中午我们俩比吃蔬菜好吗"。

中午，他真的吃起蔬菜来，看样子挺高兴，从此以后他就改变了。这个问题，如果你给他讲吃蔬菜怎么怎么好，他是不会听的。我们分析一下，他明明不爱吃蔬菜，为什么回答"是"呢？因为，前面的问题太过简单，他不经思考回答"是"，所以就跟着回答"是"。一旦承认了，就不好意思改口，要面子，。况且，吃蔬菜对他来说也不是坏事。

经验告诉我们，心理暗示能释放孩子的负面角色，改变孩子的行为方式。

第三节 爱的技巧与实践

大家公认"接纳感受语言"能彻底改变亲子关系，父母一定要有耐心。想跳过婆婆妈妈的语言直接进入实质性的语言，那是火候不到，只能是"夹生饭"而已。情景转移的价值在于它避开易使你发火的情景，破坏了你继续发火的因素。当双方将所有的不快遗忘，并将心情调整到适合交谈的时候，那正是达成双方合作意愿的最佳时机，这就是"火候"。

有人说："我接受回应感受的观点，但我想知道，接下来怎么办？"面对自己的灵魂，拷问一下自己，你究竟要干什么？达到什么样的标准？怎么让孩子上学？怎么让他多吃蔬菜？怎么让他按时起床？怎么让他勤刷牙？怎么让他不磨叽？等等。亲子关系改善之后，一切问题就迎刃而解了。改善亲子关系从接纳开始。

"共情"不是天生的，每个人都要学习。家长不妨以低姿态出现，如果你想把事做成，就得以低姿态出现在孩子面前，表现得平和、尊重、诚实，使他感到自己受重视，在谈话时他会放松警惕，好像你让着他似的。把学过的真真赞美、回应感受、勉励合作、替代惩罚、鞭策自立、释放角色的技巧都用上，对症下药，就能解决你的问题。方法随手可得，即使在你恐慌、生气、愤怒的时候，都能给你帮助，这是你参加培训最棒的礼物！

妙语：只有一心都在为自己的目标而努力的人，才是生命中最高贵的人，才是生活中最美丽的花朵。

互动：家长谈谈体会和建议。

孩子不做家庭作业怎么办？

很难想象"作业"这么一个事就能让许多家长沮丧。孩子从学校回家，带着家庭作业：字母写10遍，课文读5遍……丢下的不是语文就是数学，作业让孩子筋疲力尽，家长也快要被逼疯了，怎么办？多数孩子写作业时都心神不定、疲惫不堪、十分讨厌。应对作业问题没有捷径，需从个案讲起。

某女生，10岁，聪明活泼，性格外向，不好好做家庭作业，学习成绩一天天下滑。

第一步：打招呼。

妈："孩子，妈想跟你说个事，方便吗？"

女："方便，啥事？"（怀疑地）

妈："关于家庭作业的事。"

第二步：谈感受、回应感受。

女："我不知道老师布置那么多作业干什么，简直要把我累垮了，我已经尽力了。"

妈："哦，看来你讨厌是吧？"

女："有时候我做一下，我也想玩一下。"

妈："是啊，在学校学了那么长时间，已经很累了，回家之后还要写作业，确实痛苦。你也想放松自己、看电视、跑一跑或者玩一下，除了作业做什么事都行，是吧……"

女："作业的事我尽力做，你不用操心。"

第三步：明确地表明态度，说出需求。

妈："我咋不操心，开始你做，后来干脆你不做了，我不想与你发生争执，我也不喜欢你这样……"

女：（茫然）"那怎么办？"

妈："问题是，如果你不完成作业，学校不会让你好过，所以我们要共同找到一个让痛苦变轻的解决办法，我们需要想办法。我去拿纸，把想法都写下来，看怎么应对作业，过老师那一关，你有哪些需求也说一说。"

女："好，你先说。"

妈："你不交作业，骗老师说停电了行不？"（铺垫）

女："不行，天天交作业，谁信天天停电。"

妈："祈求下大雨或者下大雪不能上学行不？"（铺垫）

女：（笑了）"不行，不行。"

妈："你把作业本撕烂不交行不？"（再铺垫）

女：（又笑）"更不行，老师叫你再买新本子。"

妈："你知道我问的意思不？你说怎么办？"

女："你想叫我写作业，才能过老师那一关。"（铺垫成功）

妈："对啊，看来作业是一定要写的。"（为能现实的方法再铺垫）

女："作业太多，我只选我会的做，我不喜欢长时间写作业。"

第四步：提供选择。

妈："你边吃东西边写还是边听音乐边写？是设定计时器写还是写一会儿做几个双脚跳或者健脑操？你是让妈陪伴你写还是自己写？吃饭前写还是回来就写？不懂不会的是自己查还是让妈妈帮忙？……"

女："听音乐、定时器、做健脑操……都行。"

妈："你还有补充的吗？我们想想还有什么办法让我们都能接受？"

女："我做不到你可以帮忙，或者做个一大半以上。"

妈："夏天吃雪糕，容易滴到本子上，看电视做作业影响注意力，划掉行吗？"

女："行。"

第五步：制订"家庭公约"。

妈："经协商，我们达成的共识有：（1）可以听音乐写；（2）分3次写；（3）设定每次半小时；（4）做健脑操；（5）不会的需用帮助；（6）每天坚持写；（7）作业写完叫妈看；（8）写完之后可以随便玩；（9）计分奖惩……"

女："有时候没完成咋办？"

妈："加上（10）至少做一半。"

女："啥时候开始？"

妈："今天开始，你能坚持的话，放假后你选地方旅游。加上（11）旅游。违背3次以上，你说怎么办？你决定怎么做？"

女："我会小心的，照你说的做。"

妈："你来签个字。"

第六步：聊天。

（1）该不该写作业？工人不上班、农民不种地、当兵不训练行吗？不写作业呢？你希望有什么样的妈妈？你希望将来成为什么样的人？人最宝贵的是两个词："等待"和"希望"，你最希望什么？要等待"希望"，现在就要奋斗、忍受、刻苦学习……

（2）站在孩子的立场，回应他的感受；

（3）解决问题考虑各种情况，越是不现实的想法越能帮助解决问题；

（4）做孩子的支持者，和老师沟通，不要比较其他孩子怎么做。

体会：孩子对这个方法很感兴趣，觉得好玩，争论中，充满了平等、协商、理解。孩子的感受被接纳和理解了，他们就能遵守设立的界限或者实现自己的承诺。学习每个单独步骤并不是很难,花一点儿时间就会了,最难的是转变我们的态度。这个方法告诉我们,当出现冲突的时候,不要把时间花在扯皮、抱怨、指责上,要坐下来寻找解决的办法,这个办法,无论是在家里还是在社会上,无论是现在还是将来,无论是身处困境还是在平常之境,都能让孩子终身受用。

爱心加技巧

把孩子们从角色中释放出来是个复杂的过程,这不仅要改变孩子,还需要很多技巧,也就是说,所有技巧都要用上。为了对比,我设计了两个场景,主人公是9岁的张静,女孩。你观察第一个场景,妈妈是怎么说的,应该怎么说?孩子是怎么想的,又是怎么做的?再体会第二个场景,都用到了哪些技巧。

场景1:

妈妈:"我回来了,你在忙啥?怎么不来接我一下,看我买了好些东西。"(点评:指责不接)

张静:"给我买什么了?(一下子倒在地上)彩笔?咋不买红色的?"(点评:抱怨不买)

妈妈:"不凑巧大小姐,都卖完了。"(点评:贴负面标签"大小姐")

张静:"为什么不到东岭街看看?"(点评:质问不去)

妈妈:"我没时间了。"(点评:解释原因)

张静:"你这是白费,我不要。"(点评:气愤)

妈妈:"唉,看我把你宠坏了,啥事都要按你意思才行。"(点评:贴负面标签"宠坏你")

张静:(撒娇)"求求你妈妈,再去买嘛。"(点评:扮演角色大小姐撒娇)

妈妈:"好……我下午去。"(点评:惯养)

场景2:

妈妈："我回来了，看见你正在忙着呢。"（点评：描述）

张静："是啊。"（没抬头）（点评：回应感受）

妈妈："看我买了好些东西，还给你买了文具。"（点评：勉励合作）

张静："给我买什么了？（一下子倒在地上）彩笔？咋没买红色的？"（点评：想没买红色的原因）

妈妈："你说呢？"（点评：提示思考）

张静：（犹豫一下）"因为商店没有红色的。"（点评：说出感受）

妈妈："你猜对了。"（点评：赞美）

张静："那你应该到东岭街看看。"（点评：提示）

妈妈："张静，我给你买东西回来，希望听到谢谢，尽管颜色你不喜欢。"（点评：明确地表明态度）

张静：（勉强）"谢谢……但我还是喜欢红色。"

妈妈："我知道你对颜色很有品位。"（点评：赞美）

张静："对！……我把所有的花都涂上红色，多好看，你若没时间，我下午去买就是了。"（点评：自立）

在第一个场景中，母女俩相互指责、埋怨，原因就是说话方式引发的，说话方式让人受不了，你想叫我站在你的立场上说，我想叫你站在我的立场上说，怎么可能？在第二个场景中，妈妈打招呼、赞美之后，说出感受，把孩子从负面角色中释放出来，巧妙地避免了让女儿扮演"小公主"的角色，勉励合作，明确地表明了自己的态度，鞭策自立，完美地融洽了母女关系，调动了孩子的积极性。如果我们在现实生活中都能够随时运用这些技巧，对自己、对孩子岂不是两全其美的事吗？

释放角色，有可能不周不备。再看下面的两个场景，仔细对比一下，有哪些不同，请你点评一下。

场景1：

115

女儿:"妈,我想让小红今晚来咱们家过夜。"

妈妈:"这个要求太过分了,今晚有客人。"

女儿:"我已经答应她了。"

妈妈:"那就打电话告诉她不行。"

女儿:"你讨厌!"

妈妈:"我只是不想有孩子打扰客人,还记得上次你们俩干的好事吗?"

女儿:"我们不会干扰你们的。"

妈妈:(大声)"不行!"

女儿:(哭了)"你不爱我。"

妈妈:(哀伤)"你知道我爱你,谁是我的小公主?"

女儿:(撒娇)"求求您了妈妈,我们肯定表现好。"

妈妈:(摇头)"不行,为什么你每次都让我为难?我说不行就是不行。"

女儿:(笔一扔,踢了一下桌子)"我恨你!"

妈妈:(严肃地)"什么时候开始学会扔东西了?拣起来!快!"

女儿:"我不!"

妈妈:"马上给我拣起来!"

女儿:(新彩笔一扔,尖叫)"不!不!不!……"

妈妈:"你还敢扔新彩笔!"

女儿:"我想扔就扔。"

妈妈:(打了一下她的手)"你这个臭东西!"

女儿:(尖叫)"你打我!看,都打出手印了。"

妈妈:(难过地)"真对不起,只是一个小划痕,可能是我指甲弄的,没事的。"

女儿:"你弄伤我了!还说没事。"

妈妈:"你知道我不是故意的,妈妈不会伤害你的知道吗？来，给小红打电话，让她来咱家过夜。这样你是不是觉得好受些？"

女儿：（流着泪）"嗯。"

我们可以看到，有时候我们只是爱孩子、主动为她着想还远远不够。当家长处于两难的时候，需要技巧。当你读完第二个场景后，就会看到同样的妈妈面对同样的孩子，她使用了新技巧，就帮助孩子改善了行为。

场景 2：

女儿："妈，我想让小红今晚来咱们家过夜。"

妈妈："让我考虑一下，今晚有客人，能改到明天会更好。明天怎么样？要不下周六？"

女儿："我已经答应她了。"

妈妈：（语气坚定）"我认为只能是明天或者下周六，看你选哪一天了？"

女儿：（噘嘴）"你不爱我。"

妈妈：（坐在她边上）"现在不是讨论爱不爱的问题，是决定哪天请你的朋友来最好。"

女儿：（含着眼泪）"今天就最好。"

妈妈：（坚持）"我们来找一个合适的时间满足你的需要，也满足我们的需要。"

女儿：（把书扔到地上，哭）"我才不管你们！真讨厌！"

妈妈："我不喜欢你这样！书不是乱扔的！（捡起书）如果你感到难过，就好好说出来。告诉我'妈妈我生气'或者'我非常不高兴'，或者'我特别希望小红今晚来咱家玩'！"

女儿：（责怪）"我们本来准备今天晚上一起做纸飞机，然后再把它画出来的！都想好了。"

妈妈："是这样啊！"

女儿："而且小红还说要把她的睡袋拿来，我还准备把床

上篇
家长课堂

垫搁到地板上,我俩挨着睡。……"

妈妈:"哦,你们已经安排好了今天晚上的大活动!"

女儿:"就是嘛,我们今天在学校商量了很长时间。"

妈妈:"是啊,期待一件事情,然后又改变了,是让人很失望的。"

女儿:"没错,就让她来吧,妈妈求求您了……"

妈妈:"你这么想和她在一起,我也希望能让你们在一起玩,但是今天晚上确实不行(站起来),真对不起了,我现在做饭去了。"

女儿:"可是,妈妈……"

妈妈:(在厨房)"等你想好了哪天请小红来咱家,就告诉我。"

女儿:(打电话)"喂,小红,今天晚上不能来了……我妈请客了,你可以明天晚上或者下周六来,好吧。"

现实生活并不像设计的舞台剧,只需背台词表演,孩子们和我们每天上演的剧情是不容我们事先去排练的。我们虽然学到了新语言、新技巧,但还是有可能说出或者做出让我们后悔的事情。不管怎样,还是要把态度转变过来,坚持原则,花时间去专心倾听孩子的感受、说出自己的感受、一起探讨解决问题的方法。不要责备以前的过失,那样就不会偏离太远。

最后要说的是,我们不必被"好妈妈、坏爸爸、溺爱型妈妈、权威型爸爸"的紧箍咒所困扰。我们都是普通人,有改变的潜力。和孩子一起生活,需要付出更多的爱心、时间、智慧和体力,需要长期坚持和忍耐,即使做不到,也不必苛求,多给自己一次机会,多给孩子一次机会,做到问心无愧就满足了。

我们教育孩子的时候,首先要考虑方法,方法不对是迷茫的、无趣的,也是没有效果的,甚至造成不良后果。

例如,一位妈妈买了一本《花木兰》的看图说话故事,兴奋地把4岁的宝宝抱在怀里,一页一页地几分钟就给孩子念完了。

这有效果吗?孩子接受了吗?图看了吗?记住了吗?结果只能是让孩子产生了"厌学"心理。为什么有的孩子十分聪明,但他厌学,学习不好呢?归根结底恐怕是我们的家长在他们很小的时候就用这样的方法造成的后果——厌学心理。

心理学告诉我们:观察力是智力活动的基础能力,是记忆和思维的基础。在眼睛接收信息时,就要在脑海中打上一个烙印,这种烙印包含着理解和想象。

这位妈妈就是不注意孩子的观察力,只顾自己念,孩子望在别处,没听也没看,更说不上去记了。

研究表明,记忆能唤醒人的自信。

你可以做个试验,当孩子记住一件事后,以后你问他,他突然想起来告诉你了,他特别高兴,觉得他有本事,产生了自信。

经验告诉我们,第一次想让孩子了解事情,就要给他一个"烙印",这个烙印又叫"第一印象"。这个第一印象对孩子的一生起着关键作用,能唤醒孩子的自信,这就是爱心加技巧。

作业1. 经过学习,掌握与孩子沟通的各种技巧,从而实现对孩子有效的帮助和引导,把你的经验写下来,总结一下。

作业2. 在处理孩子问题的时候,有一方讨好教育,你怎样给出建议?又怎样征求意见?

作业3. 有些问题不是单靠沟通技巧能解决的,但父母要明确方法、坚定信念。你怎样认识这个问题?

作业4. 运用"融会贯通"精心设计一个场景,解决家里的主要问题。

讲后赠言:德性教育

养子不教父之过,口噆娇儿难成人。人生一世天地间,德范犹熏后来人。晴天正好开水道,及早提防暴雨临。

上篇
家长课堂

生命多少以时计，价值多少贡献论。有人虽生犹如死，有人虽死犹如生。懊悔过去不必要，反省过去得教训。厚道之人心坦荡，自然福禄丰厚存。忧患忧虑是美德，淡泊寡欲品人生。有生之年多栽树，留下子孙来遮阴。心善子聪门庭旺，潜移默化启后人。

赠书活动：回答问题，你知道本课

（1）有哪些技巧？归纳起来。
（2）解决问题有哪几个步骤？
（3）又补充了哪几个技巧？
（4）有哪几条妙语？
（5）你能举例说说"幽默法"吗？
（6）你是怎样处理家庭作业的？
（7）你打算如何灵活利用技巧培养自己的孩子？举例说明。
（8）课程的目标是什么？
（9）你想怎样教孩子健脑操？你会吗？
（10）谈谈你对本课设计的两个场景的体会。

第八课 家教通法·集中记忆

课程目标：1.了解记忆的意义和作用。
2.掌握记忆的方法和窍门。
3.学会用材料与孩子沟通。

课程重点：记忆的窍门。

课程难点：如何克服记忆力差。

课程对象：本课适合6～15岁能读书的孩子。可结合材料、运用技巧去帮助孩子记忆，如果能和其他家长交流更好。

授课开始：向家长微笑、招手致意、深鞠躬。

导入语：各位朋友,你们好！今天分享的课程是"集中记忆"，我十分高兴与大家分享"记忆力"一词，如果你能够认真听，将会给今天的你带来惊喜。相信吗？听到最后，谁答对5个问题，赠书一本。好不好？

复习提问：谈谈你对家教通法的感受。

课程介绍：课程目标、课程重难点、课程理念。

互动：请一位朋友谈谈对记忆力的看法。

分享：记忆方法是帮助孩子打开知识宝库的一把金钥匙，学习和掌握了它，就会在知识的浩瀚海洋上扬起自己理想的风帆。家长如果能把下面一些记忆方法讲给孩子，就是成功的家长。知识的积累，经验的丰富，无不借助于记忆。一切的知识都不过是记忆。记忆力的问题，困扰了人们几千年。

为什么有人记性好，有人记性差呢？这就是记忆的"轨迹"和"痕迹"两个概念。"轨迹"即记忆的方法，方法对，记东西就快得很；"痕迹"即记忆的深度，痕迹深，记东西就牢得很。

如，1644年明朝灭亡，可联想到16=4×4。"死"与"4"和"亡"

相关联,你就会很快地牢记明朝灭亡的时间是1644年了。这就在脑海里"有规律地留下了痕迹"。因为在你脑海里早有"4""与死"和"亡"的印痕及"16=4×4"的轨迹。这就是"联想记忆法"和"谐音记忆法"。

妙语:一切的知识都不过是记忆,没有记忆,就没有知识。

第一节 集中记忆的方法

记忆的方法很多,像山上的树木一样,数也数不清。下面介绍的记忆方法具有实用易学、速见功效等特点,适用于在校学生以及一切渴望打开知识宝库的求学者。掌握了这些方法,孩子就可以在几分钟时间里,轻而易举地记牢3～30个词语、物理常数、外语单词……孩子就再也不用为"记忆力差"而苦恼了。

千百年来,人们一直在探索如何提高记忆力。在日常学习、工作和生活中,往往有人告诉你应该记住什么,却没有人告诉你应该怎样去记忆。直到现在,还有不少人认为记忆力的好坏是"天生"的。殊不知,每个普通人都拥有强大的记忆能力,只要拨去世俗的雾障,掌握科学的记忆方法,人的记忆力就会放出奇异的光彩。

现代研究证明,目前,人的记忆力只发挥了全部脑机能的很少一部分,如果遵循记忆规律,运用科学的记忆方法进行练习,记忆力就会显著增强。你不妨在茶余饭后实验几次,就会立竿见影。不过,方法在于运用,记忆在于锻炼,如果你只是走马观花、不求甚解,那么,再好的理论也是没有用的。只要你勇于探索,勤于训练,在实践中,这些方法便会逐步改变你的思维方式和记忆方式。那时你就会惊叹自己的记忆力竟会这么好!

妙语:每个普通人都拥有强大的记忆能力,只要拨去世俗的雾障,掌握科学的记忆方法,人的记忆力就会放出奇异的光彩。

理解记忆法、选择记忆法、规律记忆法、特征记忆法、比较记忆法、归类记忆法、系统记忆法、循环记忆法、背诵记忆法、争论记忆法、自测记忆法、概括记忆法、提纲记忆法、简化记忆法、形象记忆法、比喻记忆法、物象记忆法、说话记忆法、谐音记忆法、歌诀记忆法、故事记忆法、窍门记忆法、音乐记忆法、咬文嚼字记忆法、认认真真记忆法……下面仅举几例说明。

联想记忆法:马克思一生的最大贡献是揭露了资本家剥削工人的秘密,创造了剩余价值理论,他出生于1818年5月5日。政治、历史课须记住他的出生年代。

如何牢固地记住呢?可编一句话为"马克思一巴掌一巴掌地把资本家打得呜呜叫"。"1818"即"一巴掌一巴掌","5月5日"即"呜呜叫"。

复习记忆法:艾宾浩斯遗忘曲线告诉我们,遗忘的规律是先快后慢,特别是在48小时之内遗忘最快,要抓紧复习。如果记忆后能强化复习,一旦记住,以后很难遗忘。

妙语:记忆力是可以锻炼的,加强理解,不断重复,集中注意,培养兴趣,科学用脑,动员多种感官参加记忆,做到听、看、读、写并举,眼、耳、鼻、嘴、手参与,这是巩固记忆,减少遗忘的有效办法。

家长要想让孩子记住材料,就要教育孩子勤奋记忆,大声朗读。必须懂得用"眼睛通心,嘴巴动作"等去与孩子沟通,看他是否真心记忆。

眼睛通心:眼睛会说话,会"揭露"嘴巴所讲的谎言。如果眼在笑则心必然在笑,如果心在笑,就是紧张情绪获得了缓解。如果脸笑而心不笑则说的话是谎言。注意眼睛流露出的各种变化,可以读懂一个人的心理。

嘴巴动作:撇嘴表示不平或不满。一个人发笑时,嘴巴无法随着活动,可以马上看出他的嘴是僵硬、歪斜的。遇趣事大笑到眼睛也泛着笑意而嘴巴却笑不出来的人,他的内心难以捉摸,可能在怀疑你讲的话,这一点儿童表现得最为突出,父母要注意观察。

第二节　集中记忆的窍门

1. 告诉孩子该记的记,不该记的不记,就是说理解的记,不理解和不想记的事物不要强记,即"记忆的选择性"。

模仿古罗马演说家,在房内踱步,边背边演说。就是要大声朗读,帮助记忆,信步走动,思考记忆。

记住必须记的信息,一定要有激情。列宁读过的书,上面写满了激情批注:"说得好!""荒谬之极!""妙极了!""万岁!"

记忆前必须先考虑自己的心情,忧伤、气愤、彷徨或恐惧等情绪都是记忆的大敌。

2. 告诉孩子一定要记住。学生都有这样的体会:考试前看书记忆效果比较好,主要原因是他们知道自己应该记住什么,并且非记住不可。这种紧迫感提高了记忆,即"记忆的明确性"。

3. 告诉孩子相信自己能记住。记忆力是属于能力层面的,在这个层次塔中,塔上面的容易解决塔下面的问题,如果能从信念上根本改变,记忆力会大大提高,即"记忆的坚定性"。

4. 告诉孩子善于观察才能记住。观察力是智力活动的基础能力,是记忆和思维的基础。在眼睛接收信息时,要在脑海中打上一个"烙印",这种"烙印"包含着理解和想象,即"记忆的深刻性"。

5. 记忆新诀窍。孩子智力发达,学习成绩优良,记性好,是普天下父母的愿望。为了达到这一目的,父母千方百计,可都是舍近求远,效果不理想。他们万万没有想到,提高孩子学习成绩和记忆的有力武器就在他们自己手中,捷径也就在他们脚下,这便是尽量减少儿童食品中的糖、盐及添加剂。进食含糖量高及人工添加剂多的饮食,使孩子丧失食欲、挑食、偏食,造成营养不良。进食含盐高的食物久了,孩子记忆力会减退,不想动脑。

妙语:播种思想,让孩子收获行为;播种行为,让孩子收获习惯;播种习惯,让孩子收获性格;播种性格,让孩子收获方法;播种方法,让孩子收获成功。

6. 提高记忆的新窍门。孩子每天放学回家,问他今天学的什么,让孩子讲一讲,不要问听懂没有,听懂的更需要讲。因为,只有在讲的思维过程中才能发现问题,找出问题,帮助记忆。孩子所谓的明白全是假明白,大人都如此,何况孩子?人往往都是嘴上明白,一讲就不明白了,我们必须明白这一点。

贵在坚持,讲一遍,可快速提高学习成绩、增强记忆。讲一遍,也是又复习一遍。讲一遍,也是找一遍问题,深入记忆一遍,符合教育心理学。多么简单的提分方法,若不采纳实在可惜。这是最有效最可靠的提分方法,也算"娱乐学习法"。

法则:听明白是假明白,讲明白才是真明白。

注意:不能照本宣科地讲,要用自己的话讲,尽量把话说得简单点。抓住教科书中的知识要点,言简意赅。

第三节　集中脑部的潜能

下面我们来分享记忆是大脑的潜能。

人的生命是有限的,但脑潜能是无限的,大脑的想象力也是无穷的。科学家能根据大脑的想象探索宇宙。有人说"苹果是因为引力掉在牛顿脑袋上,激发了牛顿的想象"。是的,只要我们善于用脑，什么玄机都可能被揭露。

科学研究表明：大脑由 140 亿～170 亿个神经细胞组成，可储存 5000 万本书的信息，相当于一部电脑。脑细胞和其他细胞一样会分裂、分生、生长，有寿命，需要营养，如果不及时利用，到一定时间就会死亡，产生新的脑细胞。可惜得很，一般人用脑细胞不超过 1/5，用脑神经细胞不超过 1/3，还有 4/5 的脑细胞和 2/3 的脑神经细胞都白白浪费了。脑细胞是可以再生的，所以，不必担心孩子用脑会受到伤害，要充分发挥脑潜能，让孩子聪明起来。

每个人都具有巨大的潜能，而潜能就储藏在大脑中。一个人的脑神经系统约含 280 亿个神经元，可以吸收、储存和控制大量的信息，处理很多个指令，这点很像电脑。人脑的特点是随机应变、越用越活，比电脑还丰富。人与人之间的差异，在于脑潜能的开发。善于用脑、激活大脑机能的人，总是更聪明更有成就，值得学习。

开发右脑训练左手

右脑发达的人，具有独创性。从小让孩子接受各类艺术熏陶能很好地激活右脑的强大功能，如，弹钢琴、唱歌、跳舞、绘画或打球等。左右脑各有分工，右脑掌管着图像、感觉、视觉记忆、识别容貌、空间想象、创造思维、肢体协调、情绪处理等功能。左手是受右脑支配的，因此训练左手对开发右脑具有积极意义。如有意识地用左手拿筷子、提水、剪指甲、写字等，每天坚持用左手做事 5 分钟，就会逐渐开发右脑的功能，简单的方法是左手刷牙、洗脸、抓痒，左耳听音乐。左撇子的人可不必训练。

右脑被称为"艺术的大脑"，潜藏着巨大的秘密。右脑与人的左半身神经系统相连，掌管着左半身的神经系统和知觉。如左耳、左眼、左手、左脚等都受右脑主宰。右脑处理信息能力强，能以图像的形式进行存储和深层加工。

左脑被称为"知性的大脑"，在语言、书写、计算、思维、判断等方面起主导作用，储存于此的信息属于浅层记忆。左脑缺乏处理信息的能力，而右脑在这方面比左脑强。

右脑潜能巨大，如果能好好地开发孩子的右脑，一定会有意想不到的收获，能发挥出人身上较高的才华。

第四节　集中优势"兵力"、提高学习能力

孩子经常想："我够努力了，学习为什么不够好？我够聪明了，为什么成绩总是没有别人好？到底是什么问题？如何矫正？"回答这些问题比较难，但我还是简单地回答，是记忆力的问题。我调动三个团的"兵力"来解决。

第一个团："营养食典"团。

1. 细胞构成生物体，细胞结构分细胞膜、细胞质、细胞核。细胞核里有染色体，染色体里有DNA和蛋白质，DNA里的基因是遗传物质。大脑所需的脂肪酸对促进人的智力发育非常显著。目前蛋白质对智力发展也很重要，是智力活动的物质基础。

2. 了解食物的酸碱性，搭配酸性和碱性食物对孩子聪明健康是大有益处的。如果食物酸性过量，会让人感到疲倦、手脚发凉，容易感冒或思维下降。

现代医学研究证明：在人体体液酸碱度允许的范围内，碱性偏高者智商较高，酸性偏高者智商较低。所以，孩子应多吃些碱性食物，如海带等。

海带不但呈碱性，还富含碘和其他矿物质。碘是人体必需的微量元素，素有"智力元素"之称。人体内具有足够的碘元素，才能保证正常的甲状腺功能。人体缺碘时，将出现一系列障碍，导致种种疾病发生，亦称碘缺乏病。

海带中含钙量高出牛奶10倍。每100克海带中含200毫克牛磺胺，牛磺胺对大脑发育作用十分显著。海带表面的褐色物质含谷氨酸，高出鱼肝油30倍，可健脑补脑。

鱼头：食者伶俐，记忆力强，是帮助子女提高记忆力的上乘食品。鱼眼更好，但它是酸性食物。

乳鸽：增强记忆力，常言道："一鸽胜九鸡。"

思考：为什么要强调吃"加碘盐"？

3. 科学研究发现，有些食物能让人脑更健康更聪明。比如：生姜能激发人的创造力，生姜中含有姜辣素和挥发油，能够使人体血液得到稀释，流动更加畅通，从而向大脑提供更多的营养物质和氧气，有助于激发人的想象力和创造力。经常吃芝麻可提高孩子的注意力。黄豆、苹果和菠萝能增强人的记忆力……

第二个团："健脑操"团。

"人非生而知之者"，所以事事必须学习。知识的积累，经验的丰富，无不借助记忆。一切的知识都是记忆。

有时我们学习常常无精打采、哈欠连连、昏昏欲睡，这种状态是大脑生理疲劳的标志。简单的健脑操可有效地消除大脑疲劳，增进记忆力。

（1）按太阳穴，稍用力，正向10圈，反向10圈。为什么按摩太阳穴能消除大脑疲劳呢？因为，当太阳穴微感疼痛后，大脑神经立即采取防御措施，使神经系统、循环系统、激素、活性酶等发生连锁反应，从而激活处于迟滞状态的身体节律，产生头脑清醒、精神焕发的感受。

（2）按风池穴。因为该穴有通向大脑的主动脉。

（3）按百会穴。因为该穴周围有四神聪穴。

（4）鸣天鼓。天鼓一鸣，头脑清醒。两掌心按两耳孔，猛然抬离，接连开闭放响15次。

（5）用四指叩击头部5条线。正中线是印堂至风府，两旁线是攒竹至天柱,太阳至风池。

(6) 两手相互擦热洗面 30 下,可缓和面部神经。

可任选几项做,此操对孩子做作业确有帮助,你可以让孩子试试。当孩子不想做作业时,用四指叩压头部 5 条线,会马上产生兴奋感,起到头脑清醒的作用,就想做作业了。

第三个团:独立团。

家庭开设"智商提高训练课"。主要是"感官刺激"训练,从听觉、视觉、语言、游戏等方面,制造开智氛围,让孩子与父母开心地享受、吸收智力活动的乐趣,全方面地培养、提高。

讲后赠言:心想·事成

见第六课《心想·事成》

赠书活动:回答问题,你知道本课

(1) 有哪几条法则?

(2) 有哪几条结论?

(3) 有哪几个集中?

(4) 有哪几条心理学知识?

(5) 有哪几条妙语?

(6) 有哪几个"培养团"?

(7) 记忆有哪些方法和窍门?

(8) 你打算如何培养自己孩子的记忆力?举例说明。

(9) 课程的目标是什么?

(10) 课程的理念是什么?

(11) 目前,在开发记忆方面,科学家有哪些研究成果?

教育漫话

　　在家庭教育中,家长教育观念的转变是个根本性的问题,只要观点、方法正确,教育就能获得成功。希望家长朋友能够参考下面的内容改变一点,让孩子受益一生,父母更轻松快乐,孩子更优秀出色,家庭更和睦幸福!

生命教育

第一部分 生命教育

处理好与被教育者关系的教育就是生命教育；教育孩子理解人性的教育就是生命教育；教育孩子如何和自己沟通的教育就是生命教育。生命教育的艺术，在于教育者的高尚情操。生命教育是教孩子如何幸福地过一生的教育。

本内容适合5～15岁的孩子。阅读时，建议你一定要联系实际想一想，再把信息传给孩子。

唤醒孩子的自信

歌曰：成功前提是自信，长征勇士毛泽东。
　　　待到春风得意时，鹤立鸡群人上人。

人最困难的就是认识自己，认识自己的优点和缺点。其实，每个人身上都存在着自己不知道的巨大潜能，这种潜能叫自信，一旦唤醒它，它所焕发的能量是不可想象的。只有用自信的态度、积极的态度、理智的态度、乐观的态度去学习、去谋事，才能够真正克服种种困难险阻，做到以弱谋强，以小谋大，焕然一新。

唤醒孩子的自信，可以从以下几个方面做起：

1. 要真正赞美和鼓励孩子，倍加珍惜孩子喜欢的东西。不但在孩子取得成绩时立刻表扬，还要在孩子失败时及时鼓励。从失败中总能看到希望，看到成绩，看到光明。给他撑腰打气，使他鼓足勇气，树立信心。例如，你经常问孩子看见了什么，听到了什么，记起了什么，请孩子帮你找什么，他很感兴趣，这能唤醒他的自信，觉得他行。方法简单，重在行动。

2. 克服自卑的心理。自卑来源于对自我能力产生的怀疑。当一个人力所不及或遭受挫折失败的时候，就会怀疑自己的能力不足，进而胆怯，再由胆怯而自卑。人一旦缺乏自信，就会把自己的能力忘得一干二净，陷入自卑的泥潭难以自拔。

3. 命运操纵在自己手中。每个人都握着失败的种子，也握着伟大的潜能。凡伟大的人物小时候都有不服气、倔强的性格。让孩子明白，现在，不是明天，也不是昨天，就是现在这个时候，他可以自由地按照他的想法支配时间，他可以让时间成为一个担惊受怕的时刻，也可以让时间成为一个勇往直前的时刻；他可以让这个时刻成为他感到痛苦的时刻，也可以让它成为令人愉快的时刻。这一时刻会成什么样由他自己来决定，并且也只有他自己来决定，但他要明白，现在一分钟的学习奋斗，能换取将来一年乃至一生的幸福。一个人只要自信，那么，他的命运一定会很好。

4. 做一个自信的人。有人整日苦恼自己是一个才能平庸的人。其实每个人的潜力相差不大，80%以上人的智力基本相同，都有学好的可能。我做过无数次实验：当学生问我数学题的时候，我不急于讲解，让他们认真读几遍题，有的学生读上两遍就说会了；有的学生读上三遍就说知道了；极少数学生读四遍还不会，我让他认真再读第五遍时他也说明白了。这个事例说明，同学们开始都有不自信的心理，不相信自己的才能潜力。每个人多少都存在不自信的心理，这是人的共性。

在成功者中，有一个简单共同的原则，即"不轻言放弃"。成功者之所以成功，就在于他们能尽量地活用时间，去发挥人本身的共有天赋——自信。

还有一点也很重要，那就是要给自己一个准确的定位，认清自己自信的基础，避免自大自傲。我们凡事只要下决心去做，往往会有意想不到的收获。有的人在动手之前就丧失了信心，那肯定不会获得成功。自信是一种激励人奋发向上的动力，只有拥有了自信，成功才不会遥遥无期。

5. 自信是成功的源泉。一个人如果有坚定的自信心，即使平凡的人，也能做出惊人的事业，缺乏自信的人即使有出众的才干、优良的天赋、高尚的性格，也很难成就伟大的事业。一个人不论才能大小，一定要相信自己能做到，事实上就能成功；反之，不相信自己，那就不会成功。

大地给予了我们力量，鼓励我们去学习、去开创伟大的事业，这种力量深深地潜伏在我们的脑海，使每一个人的精神不灭、万古流芳。如果我们不学习、不对自己的人生负责，那么，对世界也是一种损失。

妙语：每个人身上都存在着自己不知道的巨大潜能，这种潜能叫自信，一旦唤醒它，它所焕发的能量是不可想象的。

培养孩子自信的性格

有位名人说："缺什么也不能缺自信。"自信确实是一种很玄妙的心理。在自信面前，一切障碍都是可以逾越的，一切高度都是可以攀爬的，一切困难都是渺小的。没有自信就没有追求的成功，没有自信就没有信念的实现，没有自信就没有野火烧不尽的绿色生命。世上万事唯有自信最强大。

自信是可以通过后天培养训练加强的。一位哲学家说："当你有了天才的感觉，你就会成为天才；当你有了英雄的感觉，你就会成为英雄。"这就是自信心的作用。自信心就像人的能力催化剂，能将人的一切潜能调动起来。自信可以克服万难，化渺小为伟大，化平庸为神奇。因此，父母要注意培养孩子良好的自信的性格。有父母的帮助，孩子就会产生自信。如孩子喜欢趴在地上打珠子，你不要因为怕脏，就斥责、阻止，伤害他的自信，因为人的自信都是从喜欢开始的。

（1）对孩子进行积极的暗示。暗示有语言暗示、行为暗示或眼神暗示等。大家看过赵本山与范伟演的小品《卖拐》，充分说明了心理暗示对人的心态和行为的影响。所以，要让孩子保持一种"我行，我能行"的信念，从而消除自卑，传递自信。父母对孩子充满了信心，孩子自己就会充满信心。（2）杜绝孩子的消极用语。如"我天生就是这样"或"我不行，我没有希望"等。（3）要为孩子多提供施展才能的机会，支持孩子自己去做事，使孩子的自信心得到保护。（4）切忌对孩子说"你懂什么"之类的话。常言道"恶语伤人六月寒"，孩子听了这样的恶语，自尊心受到了伤害，积极性受到了打击，心里会想："父母都不相信我、不支持我，我还有什么前途？"因此觉得无助，自暴自弃。

自信是一种优秀的性格，但不能过分，过高地评价自己，就变成了自负，自负是失败的开始，也是孩子前进路上的拦路虎。父母要及早发现孩子喜欢什么，使孩子获得自信。

妙语：当你有了天才的感觉，你就会成为天才；当你有了英雄的感觉，你就会成为英雄。

要正确地看待孩子的勇敢

心理学告诉我们，每个孩子都是天然向上的。家长要清楚，所谓孩子没有达到标准，即离你的要求还有差距，那是大人的看法和标准，家长要把自己的心放下来，问问孩子，从孩子的角度看，就会发现每个孩子都在用自己的方式，用自己的节奏，在一步一步地向着太阳走去。家长只要不去破坏他们，有效地帮助他们，了解孩子焦虑及纠结的根本原因，避免伤害他们，掌握简单有效的生命成长法则，孩子就会勇敢、智慧地成长为一个生命体。"敢问路在何方"的心理是人人都有的。

从小培养孩子勇敢对孩子未来成才很有帮助。如孩子见到

老师就躲,家长要正确地引导孩子。人都有两怕,一是怕见老师,一见心就慌,不知道说什么好;二是怕讲话,没啥说的,怕说错。家长只要注意从小引导孩子,孩子就勇敢了。在家庭聚会时,让他自我介绍或讲一个小故事。孩子胆小是自我保护的一种表现,也是不勇敢的反映。让孩子多了解事物,熟悉事物的发展变化规律,奠定孩子勇敢的心理基础是最重要的。

妙语:每个孩子都是天然向上的。

孩子没有"自制力"应该怎么办

孩子好玩游戏,家长就认为孩子没有"自制力",全盘否定孩子,这公平吗?孩子内心快乐吗?生活中,亲子间的沟通要畅通,不能搞家长作风,不考虑孩子的感受。领孩子出门,不告诉孩子干什么、为什么、有什么意义和目的,也是缺乏教育。比如有个孩子问我:"尚老师,妈妈说我一点自制力都没有,怎么办?"我严肃地回答他道:"如果这辈子你一点自制力都没有的话,你还有什么戏?"

家长朋友,如果这样问你,你回答得出来吗?如果答不出来,干吗要评价你孩子一点自制力都没有呢?我接着又问这个孩子:"你觉得自己这辈子还有希望吗?"他回答:"有。"这就是孩子生命向上力量的表现。是啊,孩子每天都在努力写作业、上学,这不是很有自制力吗?从尊重生命的角度看问题,先表扬、后指责,孩子会接受。天才的生命,时时闪耀着光芒。

其实,孩子的自制力也是可以培养的,问题在于我们的心思是否花在孩子身上。冬天早上孩子怕冷不起床,你可以跟孩子说"热得很,直冒汗",多说几遍,孩子便会高兴地起床了。这在心理学上叫"心理暗示",有了这种暗示,多训练几回,孩子不怕冷按时起床的自制力就产生了。

在孩子缺乏自制力的时候，父母不要啰唆，因为啰唆的背后是不信任孩子、不相信孩子，孩子会感到烦，把你的话当作耳边风。家长要简单、明确、严肃地向孩子发出指令，没有妥协的余地。要让孩子知道必须这样做、不这样做的危害、这样做的用处。当然，有的孩子自制力确实缺乏，这需要慢慢来，深入分析原因，找到"病根"，对症下药，不着急。

歌曰：

多读史书以明智，诗词歌赋人聪明。

凡有所学富头脑，玩物丧志器不成。

孩子看电视、玩网络游戏上瘾了应该怎么办

电视是家庭的"必争之地"，家长打的是"持久战"，孩子打的是"游击战"，这个问题不好解决，除非父母不看电视。分析一下，孩子为什么会看电视、玩网络游戏上瘾？大概有四个原因：一是休闲娱乐；二是生活交友需要；三是安全感缺乏，寻求途径来保护自己；四是跟父母斗争的工具。

有的孩子在现实生活中总是被父母否定，活在恐惧之中，活在管制之中，他的安全感严重不足，想通过电视中各种各样的情节获得成就和快乐，这就有看电视、玩网络游戏上瘾的原因。这是谁的错？不是电视的错，不是网络的错，是我们家庭教育的错。家长可能会说，孩子可以看书做作业啊，试想一下，如果看书做作业能增强安全感的话，何必看电视？大人上班工作8个小时后，回家后给你本书，你会看吗？己所不欲，勿施于人。你去看电视，让孩子做作业，行吗？

看电视、玩网络游戏上瘾怎么办？不要紧张，先往积极的一面想。如果孩子思想很健康，他可能是为了休闲娱乐，不要刻意去管制他。如果孩子思想不健康，就要加以节制，安排固

定的时间，家长先陪着看电视，慢慢节制，并根据看到的情节，有目的地施以教育。这就要看你给他的爱、给他的宽容、给他的理解是否足够，让他慢慢形成拒绝电视和网络游戏的潜意识。

比如，孩子开始看电视一段时间后，妈妈微笑地送上一杯水，赞美几句，这样的行为比你关掉电视的效果要好得多。教育最重要的一点就是信任。亲子教育要让孩子在自由的、理性的、宽松的环境中成长，不能用爱的框框把孩子框起来，让孩子在扭曲的框框中成长，还心安理得地说为孩子好。因为孩子不知道你在担心什么，他对未来还没有概念。总的来说，纠正看电视、玩网络游戏成瘾有如下方法：

第一种方法，靠自身治愈。相信孩子，给他时间缓冲，不要去打扰他，和他约定看电视的固定时间，结束后让他自己关掉。

第二种方法，采取积极的转移法。帮助孩子找到能增强他安全感的事，把玩网络游戏的时间投向另外一个方向。比如打球、找朋友玩、运动、跳舞、练气功等都行。

第三种方法，就是家长真正将心与孩子的心放在一起，灌注所有的爱，满足孩子的安全感。

这三种方法结合起来，孩子会从电视和网络游戏中走出来，这要求家长改变原来的教养模式，从不信任孩子的态度中转变过来，信任孩子、理解孩子，才可以把孩子纠正过来。家庭教育最大的误区就是在不停地要求孩子。父母教育孩子的时候出现一管一护，爸爸夸一百句，妈妈骂一句，夸的话全被这骂声抵消了。孩子不但没有接受，反而产生负面影响，孩子怎能上路？教育孩子时父母意见不一致是教育的大忌。

孩子不爱学习、作业拖拉应该怎么办

很多家长头疼的是孩子聪明但就是不爱学习、作业拖拉，

下篇
教育漫话

学习态度不正确，要是能解决这个问题，孩子就好了。怎么才能解决这个问题呢？这得请家长把后面讲的潜意识开脑法好好读一下，这里我就不重复了。现在只谈一下认识问题，其实，当你认为你的孩子有问题的时候，他的问题就真的形成了。实际上，这个世界上没有不爱学习的人，只是你认为你的孩子不爱学习罢了。如果他会了潜意识开脑法，他就感到学习是一种乐趣，你不让他读书都不行，他一定会想尽一切办法、克服一切困难读书。如果聪明的孩子真的不爱学习，就是注意力出了问题，你要想办法提高他的专注力。

孩子作业拖拉表现在做作业时"一会儿上厕所、一会儿玩铅笔、一会儿发呆、一会儿吃水果、一会儿看电视"，面对这些现象，家长采取的办法一般不是吼便是打。现在有一个问题，如果不吼不打，孩子的作业能否完成？一种方法是孩子把作业分两次做，一次做不好，歇会儿再做。为什么分两次做呢？因为孩子注意力集中的时间很短；另一种方法是帮助孩子解决作业中的困难。总之，作业是孩子自己完成的。后面教育方法中有"重点培养孩子的注意力、教育孩子要因材施教、教育孩子提分高招"，很值得一读。

很多问题来源于我们以前和孩子的关系，我们高高在上，心不和孩子的心在一起，宁愿去打牌，也不愿辅导孩子，我们把孩子当成学习的工具，当作符合我们愿望的工具。其实，哪有作业拖拉、不爱学习的孩子？当你和孩子的心在一起的时候，你就会看到孩子在不停地坚持、不停地努力，孩子身上到处都是闪亮的光点。整个学习的过程如果在彼此理解、关怀的气氛中进行，孩子怎能不爱学习、作业拖拉呢？孩子的注意力怎能不集中呢？

孩子厌学应该怎么办

这个问题与上面的问题接近。对于孩子来说，学习不可怕，可怕的是家长要求孩子一定要学好。孩子厌学、焦虑全是来自于这个"一定要学好"。我跟家长讲，每个孩子都爱学习，人心都是向上的，什么都想赢，不想输，孩子学习也是这样，怕学不好会给身边的人带来负面影响和评价，可是，十个指头有长有短，孩子的接受能力受到干扰，有时知识脱节，在学习上遇到了困难。孩子的抗压能力不强，久而久之孩子产生了厌学思想。这里我想讲一个爱因斯坦上学的故事。在一次手工制作中，老师要求每人用泥巴捏一个凳子，同学们都交了作业，爱因斯坦最后一个交上去，同学们一看哄堂大笑，他做的根本不像凳子，是个四不像。于是老师叫他模仿再做一个。下课了，爱因斯坦认真做了几个，对老师说："老师你看，这是我做的第三个，它虽然不好，却是我认真做的。"老师大为赞赏。孩子的"认真"贵不可言。

"厌学"就是孩子对学习没有兴趣，对学习没有认真对待，家长如果一开始上学就叫孩子认真、认真、再认真，就没有后来的"厌学"了。认真是保持孩子学习兴趣和热情的有效措施。只要我们对学习后果不太在乎，不给孩子过多的压力，不让孩子一想起学习心就发慌，孩子一定会好好学的。孩子只要认真学就行，家长的期望过高，孩子就会厌学、逃学。

如果孩子现在已经厌学了怎么办？还是要从"认真"上做起，叫他说话认真、做事认真、写字认真、睡觉认真、吃饭认真、做作业认真，一切认真到底。把孩子的恐惧和压力去掉，把简单的事情认真做起，多给他爱，多给他理解，和他共同面对学习中遇到的各种各样的困难，孩子会慢慢改变的。要让孩子明白学习是人生中有意义的事，不要要求过高，认真做起就能改变孩子厌学的问题。世间万事就怕"认真"二字，你不妨试试看，一定行。当你发现孩子在认真做某一件事的时候，便是他进步的时候，帮助孩子成功，他会勇往直前。

孩子犯错误了应该怎么办

从教育的角度来说，我们总能从孩子错误的地方看到孩子的成长，看到孩子向上的力量，帮助孩子从错误走向成功，帮助孩子处理错误和失败的关系。错误的另一面是成功，成功的另一面是错误。一个人成功了以后，就很容易沾沾自喜、自以为是，那么接下来就会犯错误；相反，一个人犯错以后，总结经验教训，那么接下来就是成功。前面已经讲过赞美的三种方式，当孩子犯错误的时候，你帮助孩子总结经验教训，真正赞美孩子，那是雪中送炭。如果孩子犯错误了，遇到的都是指责批评，就会受到负面影响，从心理上产生"无助"的消极因素。一个不懂教育的家长，小孩子不知要被冤枉哭多少次，孩子犯错误了就指责，孩子就在进步的台阶上倒退了一步。你的孩子错了，你可以告诉孩子，人生的路应该怎么走，从容地看孩子的表现，和孩子的心在一起。

如果你可以达到这样的境界，正确和错误在你看来都是生命中很平淡的事了。失败是对人类的一种考验、一种课程。当孩子失败的时候，你真正帮助了孩子，那是雪中送炭。

应该如何教会孩子高效率地学习

好的学习方法如同森林中的树木，数也数不清，如何高效地学习？其根本的地方就在于我们能否学会高效地休息，有人不以为然，甚至有意见。我给你说，休息好，学习才好。高效

地休息就能专心地学习，两者并不矛盾，是紧密相关的，不会休息，也就不会学习。休息好是学习好的前提。科学家们做过一个实验：把两只狗分别放在两个实验室里，一只不给它饭吃，另一只天天给它饭、给它肉吃，就是不叫它睡觉，一见它睡就用棍子捅它。过一个星期，吃饭的狗死了，没吃饭的狗仍活着。这个实验说明：休息对生命的意义十分重大。

现在有很多孩子不敢休息，因为孩子一休息，家长立马就把休息和懒惰、不上进、没有自制力挂钩，训斥孩子。要知道小孩子每天至少要有10个小时休息时间，才能保证高效率地学习。可是现在的孩子每天根本没有睡够10个小时，晚上十点才睡，早晨六点多就要起床，中午又不睡。苦学未必出成绩，取得好成绩是需要智慧的。

充分休息都有什么好处呢？充分地休息可以马上化解身心的疲惫，化解心里的压力，化解内心的情绪。所以，我们必须充分地休息，才能去面对繁重的生活和学习带来的挑战。休息的价值，只有努力学习的人才能真正体会。

睡眠和静坐都是休息，都是"充电"的一种方式。

学习与休息如同生物的"共生"，相互依赖。又好比心脏会收缩和舒张，才能连续工作上百年。

应该怎样避免溺爱孩子

爱有两种：一种叫溺爱，一种叫宠爱。相信孩子，给孩子自由，不给孩子压力，不给孩子恐惧，这不是溺爱，也不是宠爱。溺爱和宠爱的区别是看你是否和孩子的心在一起，如果和孩子的心在一起，你不管怎么做都是宠爱；反过头来，你不和孩子的心在一起，你怎么做都是溺爱，不管你是温柔还是野蛮，都是溺爱。溺爱就是过多地干涉和破坏孩子，过多地代替和帮助孩子。如指责、唠叨、批评过多就是干涉和破坏；过多地想办法、找门路、弄关系为孩子铺路就是代替和帮助。这两种过多，都是溺爱的范围。

孩子值得信任。请问，不管你现在的情况怎样，你是不是希望以后过得更好？我想答案一定是"是的"，这就是生命向上的力量，你有，你的孩子跟你一样也有。比尔·盖茨在给他的妈妈的一张问候卡中这样写道："我爱你妈妈，你从来不说我比别的孩子差，鼓励我一生奋斗，我怀念和你在一起的所有时光。"可见鼓励和鞭策才是宠爱。爱是有规则的，符合规则的爱才是宠爱。

爱孩子要讲究方法，讲究原则，考虑孩子的感受，让他多体验生命的价值。不要唠唆，我们知道你唠唆的背后是恐惧，担心孩子学不好，将来生活不幸福，甚至害怕孩子变坏。请问你担心那么多干什么？孩子的未来往往不会像你担心的那么可怕，你现在应该多陪陪孩子，让他按着自己的节奏走。

孩子如何才能高效率地出成绩

孩子高效率地学习了，但成绩不一定跟着上去，这就是学习方法和记忆力的问题。在下一篇我会讲这个问题，我想现在着重讲一下最突出的问题，就是记忆力的问题，因为记忆力是好成绩的关键。

另外，要想大幅度地提高成绩，你一定要知道自己是什么水平，对你来说，什么是粥，什么是面包，什么是鸡腿，没有人可以告诉你，只有你自己知道。可能某一道题对你来说是粥，对别人来说是面包；另一道题对你来说是鸡腿，对别人来说是粥。这种个性化的不同，需要找到属于自己的学习方式，就能考出好成绩。如果把握不住这一点，就是花过多的时间做超出自己

能力的工作，结果鸡腿没吃成，粥也没喝到。

成绩高低也与考试紧张与否有关，有的考生平时会做，但一遇到考试就不会做了，失去机会，铸成遗憾。

高效率地出成绩，你必须坚持最后交卷、反复检查。

高效率地提高成绩，还与考生的经验、冷静、信心、认真、仔细、发挥、速度等都有关。

高智商的孩子应该怎么培养

前面跟大家分享的都是培养和教育孩子的话题，现在分享如何帮助孩子走上卓越之道。

第一个方法，家长学会提问。问题是思维的起点，没有问题就没有思维，一有问题，大脑就开始搜索答案。解决的问题多了，孩子就聪明多了。科学家们的发明都来源于"为什么"，如"苹果为什么往下落，而不往上或往左或往右落呢"？就因为这个简单的"为什么"，牛顿发现了"万有引力定律"。许多家长一天到晚给孩子讲道理，孩子不愿听，说多了只会起反作用，这种"讲"的方式必须慢慢改为"问"的方式。每个孩子都想解决问题，但是孩子不知道问题在哪里，如果你会提问题，并启发孩子积极思考，你的孩子就卓越了。教育很多时候是智慧，学会提问题就是一种智慧。

第二个方法，培养发散思维，启发联想。孩子来到这个世上，就是要说话、发展语言，语言是思维的第一信号。如母子对话，把厨房里的物品一人说一样，谁说不出算输。这个互动就激活了孩子的脑细胞，兴趣上来了，兴致勃勃地发散思维，能说出厨房的一切物品。你说刀他说碗，你说锅他说盆……一直说下去。发散思维往往是发明的前提。

第三种方法，引导孩子和自己的心在一起。每个孩子的心是无分别的，是干净的，是光明的，我们要学会引导。很多时候不是我们没努力，而是我们的努力选错了方向。孩子未来向何处去，全靠家长和老师的引导。许多家长只会讲道理，"你乖""你要努力""你要听话"这些道理不经过大脑，老生常谈，有什么用？我们应当把心思放在如何引导孩子成才上。高智商的孩子有一种能力，可以时刻和自己的心沟通，习惯和自己的心沟通的孩子，他的内心充满光明、充满力量。高智商的孩子都在一步一步地成长，发现他很简单，教育他也很简单。

应该如何引导孩子成才

对学生而言，家长和教师既是引路人，又是传道者。技能的学习是教育的首位。学习是一辈子的大事，是学校教育的核心，应当教会学生怎样学、怎么记，而不是要学什么、记什么。在怎么学、怎么记的基础上，让学生学会如何理解，如何运用，科学地处理无穷的知识和信息，使学生终身受益。相应地，在家庭教育和学校教育中，孩子除掌握学习方法、技巧，提高解决问题的能力外，主要的学习内容应该是和日常生活密切相关的知识与技能。

妙语：应当教会孩子怎么学，怎么记，而不是要孩子学什么，记什么。教育者往往只告诉孩子应该学什么，却没有人告诉孩子应该怎样去学，而怎么学习、怎么记忆才是引导孩子成才的真正武器。这武器如同机关枪、大炮，是能够取得胜利的关键武器。

生命教育

教育孩子珍惜"三日诗"

昨天、今天和明天。昨天已经过去,永不复返;今天正在和你在一起,但很快也将过去;明天终将到来,也会消逝。"三日诗"可以启迪青少年珍惜时间,不要虚度年华,切莫碌碌无为。这也是世人的警示座右铭。

《昨日诗》:昨日复昨日,昨日有啥好;昨日过去了,今日徒懊恼。世人却知悔昨日,不觉今日又过了。水去日日流,花落日日少,成事立业在今日,莫待明朝悔今朝。

《今日诗》:今日复今日,今日时间少;今日又不为,此事何时了。人生百年几今日,今日不为真可惜;若言姑待明朝至,明朝又有明朝事。为君聊赋今日诗,努力请从今日始。

《明日诗》:明日复明日,明日何其多;我生待明日,万事成蹉跎。世人苦被明日累,春去秋来老将至。朝看水东流,暮看日西坠,百年明日能几何?请君看重明日歌。

教育孩子注意安全

孩子安全十注意,一条一条听仔细。

第一说话要和气,对方才不发脾气,一不小心骂了人,一个嘴巴脸朝西,粗话脏话惹是非,打架才是祸根底,大家庭里兄妹多,谁都不搞小团伙。

第二相约出去玩,选择地方是关键,公路铁道有危险,沟壑悬崖别登攀,上高墙、爬电杆,进危房、掏鸟蛋,这些事情不要干,天黑以前回家转。

第三家长要注意,携带东西问仔细,孩子带上危险品,出

下篇
教育漫话

了问题悔莫及，打火机、弹簧刀，化学药品小炸炮，这些东西易惹祸，儿童携带要取缔。

第四池塘河边转，要离河床远一点，靠近水边有淤泥，踩上就会滑下去，游泳要到游泳池，父母跟上保护你，滑冰场上练身体，池塘河里不要去。

第五谨防烧烫伤，留下伤疤悔莫及，教育孩子别玩火，星火惹出大灾祸，逢年过节办喜事，燃放爆竹要远离，遇到哑炮别着急，小心哑炮炸伤你。

第六远离高压线，千万别去触电源，开关灯泡有问题，要让大人来处理，电是老虎别大意，一不小心吃掉你，用电知识要学习，安全用电记心里。

第七注意上下楼，一级一级莫停留，楼梯相遇要礼让，不拉不拽不推搡，栏杆上面不登攀，楼道中间不追赶，不往楼下扔杂物，安全二字记心里。

第八外出要注意，交通规则要牢记，看清走好斑马线，违章骑车全抛弃，十字路口停一停，前后左右要看清，无车才可往前行，抢道会出大事情。

第九候车路边站，横跨公路有危险，上车下车别拥挤，先下后上有秩序，抓好扶手别大意，以防猛停摔倒你，头臂不要伸窗外，站立不要靠玻璃。

第十饮食要卫生，要有制度做保证，餐具用具勤消毒，伪劣食品要认清，变质饭菜勿进口，各种蔬菜洗干净，儿童安全十注意，学校家庭要切记，时时事事放首位，齐抓共管常教育。

教育孩子心理探秘

有逆反心理的孩子，具有极强的自信心，表现在说话不看

大人脸。沟通教育时要让他看你鼻尖,让他读懂大人的表情,克服目空一切的心理。

接受劝告的心理:劝告如果不符合对方的心理,他会把你的话当作耳边风。所以,劝告应该从了解对方开始,才能使自己的意见符合对方的需求,如果接受,他会看你一眼,你在揣摩孩子,孩子也在观察你。

偏爱自己的心理:认为自己好、自己对,不会认错。如果家长误解了孩子,就无法充分发挥孩子的才能,让孩子产生不满,引起不快,一个人被冤枉之后的愤怒是可以想象的。

性格内向的人的心理:表情变化贫乏、僵硬,感情不显于脸,就算你逗他笑,他也觉得没什么可笑的。这样的人忍耐性强,容易自卑,爱对母亲撒娇,易产生自闭心理,说话声音小,不喜欢他人进入自己的内心,不希望对方知道他的事情。正因为如此,他会冷漠地接受一切,也会拒绝很多。这样的个性,教育者要慢慢来。孩子的警戒心理很强,所以容易受到伤害。

网络游戏入迷者的心理:信息时代,外向型的人一般不会入迷。因为电脑不会撒谎、不会发脾气,能忠实地执行程序等,内向型的人会感到安心与信赖,所以网络游戏入迷者九成以上是内向型的人。解决的办法是利用活动占用他沉迷游戏的时间。

性格外向的人的心理:说话速度快,像放鞭炮,言语流畅,随声附和,给人带来快乐轻松的气氛。这些人受到赞扬时喜不自胜、充满感谢,当他感到安心松弛时,就会劲头十足。所以,选择他心情好时施以教育,会收到良好的效果。但注意外向型的人容易见异思迁、易冷易热、难以坚持。

观察孩子听讲话的心理:我们不能认为顺从地听就是"孺子可教"。孩子听讲话时有下面几种表现:一是呆望着听,二是低着头认真听,三是面带笑容听,听完之后马上离开。第二、第三种听会有正面反映。听讲话时如果把双手交叉在胸前说明有反抗意识。

口是心非人的心理:把自己的想法推到别人身上、模棱两可地答话或表现为哭笑,对付这些人应激他生气,因为人在生气时,容易说出真话。

把"我"挂在嘴边的人的心理:这些人不考虑对方的立场,希望显示自己的存在,说话围绕"我"打转。这种心理如同断奶时期的幼儿一样,是在寻找安全感,是为了向母亲提醒他的存在。他期望有人赞扬他"不错",他就心满意足了。

炫耀或自卑的人的心理:表现欲是人人都有的,为什么要炫耀呢?人在成长过程中崇拜偶像,如果自己觉得差距大,就会试图以炫耀来弥补。比如把自己知道的独家秘密向母亲炫耀,以博得母亲的欢心,此时母亲要了解用意,赞美一句。

感情脆弱的人的心理:这是人共同的弱点。有时候简单的一句话就把孩子教育了。比如大人说:"我们小时候没吃没喝,你奶借了一升麸子一家人吃了三天。"孩子强硬的心被攻破了。

自我扩张型的人的心理:你说东他说西,你说左他说右。这种人坚持自己的想法、做法是正确的,试图说服别人。家长碰到这样的孩子,切勿诋毁他,应加以抬举,说:"听老师说你最近表现不错。"如果你刺激他,他会显露出隐藏在内心的斗争。

说谎言者的心理:生活里没有谎言存在,社会将无法协调,一些无伤大雅、可以原谅的谎言可以协调人际关系、保持社会平衡。礼貌上的客套话就是公认的一种谎言。

眼睛通心的心理:眼睛会"揭露"嘴巴所讲的谎言。如果眼在笑则心必然在笑,如果心在笑,就可让紧张情绪获得缓解。

如果脸笑而心不笑则是在说谎言。注意眼睛流露出的各种变化，可以读懂一个人的心理。

鼻子通心的心理：鼻孔稍微胀起时，表示对你说的话不满；鼻头冒汗表示心里焦躁或紧张，或是心有愧意、受良心苛责，或是隐瞒了某个秘密；鼻头泛白，则显示内心恐惧。

嘴巴动作的心理：撇嘴表示不平或不满。一个人发笑时，嘴巴无法随着活动。遇到趣事大笑到眼睛也泛着笑意而嘴巴却笑不出来的人，他的内心难以捉摸，可能在怀疑你的讲话，这一点儿童表现得最为突出，父母要当心。

表面温顺的心理：有时孩子听了父母教导，立刻表示赞同说"是"或"对"，事实上，却很少按照大人的意见去做。一位智人说："很容易接受对方的意见，而且马上迎合的人，很少能坚持对方的意见。"因此，当你听到此类孩子的承诺时，不必马上相信他，反而要对他警戒。

眼神的心理：一接触对方的眼睛就悄然移开，视线朝下，是怯弱的表现；视线岔开是拒绝的表示；笔直的视线是敌对的表示；朝上的视线是自信的表现。视线略微上扬，处于恍惚状，有较高的欲望，但目的模糊；眼睛发亮，视线朝正面注视，说明非常关心，也有警戒心；眯起眼睛似乎合上眼皮，视线朝下是注意力分散，不想听你讲下去。

顽固者的心理：以自我为中心，坚持自己的想法，不与他人沟通，事实面前也不相信。但是，顽固者非常正直诚实，一旦下了结论，纵然有违自身利益，也要坚持到底，而绝不做背叛之事。我们可利用这个优点，静静地听他的言论和主张，并对其表现出理解，从而化解他顽固强硬的态度。

傲慢的人的心理：具有极强的自信心，也有内心深处的惶恐。他们一方面骄傲，另一方面生怕别人超越自己。对付这些人，不妨以更傲慢的态度，装作不在意对方傲慢的模样，或用更高的人去压制他们。孩子如果有这种心理，可因势利导，鼓励他更上一层楼。

行为心理：触摸自己的身体是自我心理安慰。受到伤害或受到打击的人，会渴望接触所爱的人或触摸自身，以安慰自己的情绪。如轻抚嘴唇，是克服内心的不安，稳定情绪。

教育孩子应避免的误区

一、学习能力方面的误区

（1）不要把考试成绩作为评价孩子的标准；（2）不要随意增加作业，要让孩子有时间玩；（3）不要因孩子偶尔考差了就封杀孩子的爱好；（4）不要每天都去检查孩子作业；（5）不要用物质奖励去促进孩子学习；（6）不要认为孩子成绩差就是智力低下；（7）不要阻扰孩子看课外书；（8）孩子取得成绩时要肯定，不要设定高"理想"。

二、创新能力方面的误区

（1）不要总把孩子关在屋里，让他读书学习；（2）不要总对孩子强调玩具该怎么玩；（3）不要急于纠正孩子的想法，让他试一试；（4）给孩子讲故事要设悬念，让他猜一猜，不要设定结局；（5）不要随便给孩子错误的答案，不知道就要学习；（6）不要认为孩子天真的想法就是胡闹，他的为什么能叫你张口结舌，但要耐心作答；（7）不要以为听话的孩子就是好孩子；（8）不要阻止孩子提问，鼓励幻想，给孩子尝试的机会；（9）不要因为怕脏就阻止孩子的玩法。

三、积极性方面的误区

（1）不要用话语去挫伤孩子的积极性，打击他的渴望。如"一

边玩去"；（2）不要抹杀孩子的优点和长处；（3）父母要积极参与孩子提出的活动；（4）要让孩子适当地炫耀自己，甚至吹捧，培养他的自信心；（5）孩子做事，不要总指责孩子是假积极，是胡来；（6）不要强行打断孩子正在做的某一件事；（7）父母要了解孩子的心理，尊重孩子的努力；（8）不要把孩子的自卑和胆怯当作听话。

四、礼仪方面的误区

（1）允许孩子与"差生"来往；（2）支持孩子参加集体活动，包括公益活动、学校劳动；（3）教孩子学会尊重别人的劳动，学会欣赏、赞赏对方；（4）教孩子不要随意打断别人说话，认真听取别人的意见；（5）教孩子说话时要看一下对方的脸，说该说的话；（6）教孩子家里来客人要热情招待；（7）父母不要在孩子面前说老师不对；（8）父母要注意培养孩子的责任心，让他学会心疼人。

五、独立能力方面的误区

（1）涉及孩子的事，父母要与孩子商量；（2）要允许孩子犯错误；（3）培养孩子的独立性要有一定的耐心；（4）父母要告诉孩子无论做什么事都要有始有终，不能中途放弃；（5）父母要让孩子适当地承担家务劳动，如扫地等；（6）是孩子的责任就让孩子承担，父母不要承担；（7）父母错了要敢于向孩子认错；（8）教育孩子答应别人的事要做到。

六、抗压能力方面的误区

（1）父母要允许孩子选择放弃，不是任何困难孩子都能克服的，把精力放在适合孩子的地方，而不是与短处较劲。

（2）不要因为孩子受点委屈家长就大动干戈。如看到孩子啼哭就大声说"谁欺负你了，告诉妈，找他算账去"。

（3）父母应该有意安排孩子体验些失败。因为失败是人生必修的课程，在失败中可以学到很多东西，孩子能从失败中获得的东西也会对他以后的人生产生深远的影响。

（4）父母不要成为孩子的守护神。对孩子来说，太过顺利对他成长不好，让孩子懂得生活有顺有逆才能生存。

（5）告诉孩子，风雨过后不一定出现彩虹，有时候是失败，失败又失败，要以正确的心态对待挫折。战胜过挫折的孩子会把挫折看成财富，磨炼出坚强的毅力，在追求成功的路上会有百折不挠的精神。

教育孩子要因材施教

恨铁不成钢，大多数父母都有这个心理。爱孩子要讲究方法，方法不对是迷茫的、无趣的，生命会远离幸福和快乐。

有些家长教育方法出了问题，而自己浑然不知，反而责怪孩子，抹杀了孩子的努力。比如家长老拿班上最高分比较自己的孩子，看不到孩子的进步。孩子得不到父母的帮助、肯定，就会产生心理障碍。家长说："下次考满分给你买衣服。"坏了，这是用行贿的方法诱导孩子。家长说："下次不考满分当心挨罚，不让你吃饭。"这种教育能不失败吗？扪心自问，孩子学差了能怪孩子吗？孩子厌学你知道原因吗？孩子是只蝴蝶，你剪掉他的翅膀，让他与兔子赛跑，输了，骂他是毛毛虫，孩子快乐吗？

全方位了解孩子，因材施教，无须打骂，无须施压，让孩子在自由、宽松、舒适的环境下学习，培养孩子的学习兴趣，相信孩子会努力的。在碰到困难或挫折时，帮助孩子提高抗压能力，这才是最重要的。

妙语：孩子是只蝴蝶，你剪掉他的翅膀，让他与兔子赛跑，输了，骂他是毛毛虫，孩子快乐吗？

生命教育

父母是孩子的第一任老师

孩子生下来除了哭、尿、吃奶等本能外,其他本领和知识都是父母教的。孩子是父母的镜子,父母是孩子的榜样。父母的一言一行都反映在这面镜子里,深深地刻在孩子的脑海里,并伴随孩子一生。

家长承担着对子女全面的养育义务,对子女起着最直接最重要的影响,孩子的言行、最初的道德概念、是非标准等都是从家长那里学来的。如什么是水、火、土、雨、虫、雪、日、月,什么叫好、什么叫坏、什么叫对、什么叫错等都是家长直接教导的。

做父亲的一定要知道"一个父亲胜过一百个教师"。在孩子幼小的心灵中可能感觉"母亲只是塑造了他的躯体,而父亲塑造了他的灵魂。只有父亲才能给他智慧、给他力量、给他生命和成长的依靠"。我们回到原始社会,母亲拉着孩子跟在大象后面奔跑,却吃不到象肉,而只有跟着父亲才能杀死大象,才能吃到象肉。所以,父亲是伟大的,父亲的责任是神圣的。在孩子的心目中父亲说的话是对的,母亲说的话有点啰唆。父亲要多陪伴孩子,多和孩子一起做些游戏,让孩子的成长丰富多彩。因此,爱与父亲打交道的孩子智商较高。

教育者,自己首先要受教育,为了教育自己的孩子,家长要检点自己的言行。

幼儿通常从三个途径向家长学习:一是直接模仿;二是直接教导;三是从周围的事情学习家长的评价态度。

妙语:孩子是父母的镜子,父母是孩子的榜样。

下篇 教育漫话

家教箴言

生了孩子,还要想怎样教育,才能使这个孩子将来成长为一个完整的人。

任何一个孩子都会有发展,发展如何取决于教育方法。

父母不会教养,小孩子不晓得要被冤枉哭多少回。

你希望你的孩子成为怎样一种人,你就得在自己的言行中争当那种人。

一管一护,到老不上路。

用打骂教育孩子,是和类人猿教养它的后代相似的方法。

儿童教育是人类最重要的一个问题。

母亲是孩子未来命运的创造者。

摇动摇篮之手,就是支配世界之手。

当及婴稚,识人颜色,知人喜怒,便加教诲,使为则为,使止则止。比及数岁,可省笞罚。

对孩子的教育开始得多么早也不会过头。

使孩子终身幸福的是德行,而不是金钱。

人应该支配习惯,而决不是习惯支配人。一个人,不能去掉他的坏习惯,那简直一文不值。

礼貌是儿童与青少年所应该特别小心地养成习惯的第一件大事。礼貌经常可以代替最高贵的感情。

脾气暴躁是人类较为卑劣的天性之一,人要是发脾气就等于在人类进步的阶梯上倒退了一步。

不学无术在任何时候,对任何人,都无所帮助,也不会带来利益。一个人的美不在外表,而在才华、气质和品格。好性格必有好命运。

千教万教教人求真，千学万学学做真人。

幼小时所得的印象，哪怕极微极小，小到几乎察觉不出，都有极重大极长久的影响。

必须使每一个孩子的见闻比他祖父和父亲的见闻多而广。

一个父亲胜于一百个教师。

好奇心造就科学家和诗人。

儿童学习任何事情的最合适的时机是当他们兴致高、心里想做的时候。

教导儿童的主要技巧是把儿童应做的事也都变成一种游戏似的。

游戏是发展各种才能的重要的智力活动，是扩大和丰富儿童观念范围的有力手段。

孩子的劳动锻炼是家庭教育的最为重要的组成部分，人的劳动思想像一条红线，贯穿着他的成功与幸福。

孩子从学会拿小勺由盘子里取食物往嘴里送的时候起，他就应当受到劳动的教育。

小孩子不能什么事都靠着大人，要让他自己闯闯，学会生活。不能给子女留下特权思想，那样是害了子女。

必须使孩子们习惯地感到自己是世界的主人，是世界上一切财富的继承者。

妙语：人应该支配习惯，而决不是习惯支配人。一个人，不能去掉他的坏习惯，那简直一文不值。

要珍惜孩子的心灵

家长要注意及早发现孩子的孤独症。孤独症也叫自闭症，是一种严重的心理病症。如果得不到及早治疗，孩子不仅会在社交、语言、行为上存在缺陷，还可能变得焦虑、多疑、自私，甚至会引发自杀等倾向。

一般来说，孤独症患儿在3岁左右就表现出一些基本特征，如观察力和理解力较弱，对外界事物没有兴趣，你逗他笑他也没有笑意，常常一个人发呆，也不关注别人说什么；语言发展迟缓，不能理解别人的意思，无法沟通；常常坚持自己的做事方式，拒绝改变，性格内向等。

当父母发现孩子存在上述情形时，及早干预、教育和训练，帮助孩子提高自信、自理、自知等能力，为孩子营造一个良好的家庭环境，帮助矫正，给孩子更多的关心和爱护，让孩子感到家的温暖，帮助孩子多交一些朋友，让孩子在友谊的土壤里滋润成长，使孩子性格变得活泼开朗。如果没有一个和睦的家庭环境，孩子的心灵必受到伤害。

记住：使孩子终身幸福的是心灵和德性，而不是金钱。

第二部分 学习教育

　　学习方法是帮助孩子打开知识宝库的一把金钥匙，学习和掌握了它，就会在知识的浩瀚海洋上扬起自己理想的风帆。家长如果能把下面一些学习方法讲给孩子，就是成功的家长。知识的积累，经验的丰富，无不借助于记忆。一切的知识都不过是记忆。

　　本内容适合 8～18 岁正在读书的孩子。阅读时，建议你一定要联系实际想一想，再把信息传给孩子。

怎样写好作文

　　命题作文莫慌张，用心思考用心想，分析题意最重要，布局谋篇要周详，文章主题是什么，哪些材料最恰当，段落层次巧安排，详写略写要明朗，列好提纲就动笔，一气呵成莫彷徨，初稿写成看几遍，主题表达怎么样，遣词造句要生动，选用材料有分量，陈词滥调要避免，文字生动要形象，首尾呼应衔接紧，增删修改再定章，要问写作有啥巧，审题立意第一桩。

　　文不在深，明白就行；词不在丽，达意就成；虽是嫩作，贵在慎真。

　　中心突出，语句通顺，前后一致，结构完整，卷面整洁，字迹工整，老师有云，给你高分。

坚持写日记

　　日记日记，一日一记。茶余饭后，抓住时机。
　　天天动笔，有助记忆。提高水平，终身受益。

日记类别，十种形式。
一、观察日记：人景物事，观察细致，抓住特征，描写详细。
二、剪贴日记：图画照片，珍重爱惜，剪贴本上，旁加注释。
三、信息日记：长则一段，少则一句，各种信息，要详记叙。
四、气象日记：阴晴雨雪，气温高低，风力风向，全面载记。
五、台历日记：当天事件，记在台历，简明扼要，一目了悉。
六、摘录日记：名家语录，格言警句，摘录下来，背诵学习。
七、学习日记：课里课外，报刊杂志，学习心得，感受体会。
八、活动日记：参观访问，重大节日，抓住重点，描述具体。
九、实验日记：科技制作，养花种植，实验过程，记载翔实。
十、思考日记：此种形式，高一层次，见闻观感，深刻启示。
经验总结，错误剖析，某种倾向，议论评批，多思勤记。
敏感智益，十种形式，因地制宜，灵活运用，综合练习。
少年朋友，发奋努力，培养兴趣，锻炼意志，学习日记。
贵在坚持，坚持到底，定能胜利，提高认识，交口赞美。

语文学习法

（1）预防错别字。开辟一个语句栏，列出容易写错的字，从课文中查清楚，一一正确、认真地写下，平时多注意。

（2）随时随地改善你的语文水平。整理好语文笔记，在自己的笔盒上贴"即时行动"的字条，警醒自己。

（3）一天读一篇好文章，积极讨论、质疑。

（4）仔细听课。语文是文学性的课程，欣赏老师阅读。

（5）写好作文。请你阅读本篇"怎样写好作文"。

（6）能流畅地阅读和翻译古文。古文的意义与今文差别大，要翻译。请抓紧时间背诵经典的古文，向着你的目标前进吧！

（7）从阅读中学习文法，择抄警句，积累他人智慧。

数学学习法

（1）整理公式、定义、定理，制作卡片或准备一个袖珍本，经常带身上，死记。

（2）制作数学图表。图表解说比文字解说更一目了解。

（3）建立一个问题本，做到每天都能向老师或同学提出一个问题，或者自己对自己提出一个问题。

（4）准备一个写每天一道难题的本子，必须专用，每天做的写上日期。内容可以是难题解、问题练习、解法研究，哪怕是写一句话都是宝贵的。

（5）解答证明题要注意格式。即使解答正确，中间格式疏漏，仍然要扣分。

（6）训练一题多解。对同一道题考虑用三种方式来解答。第一回，按照课本上的方法解；第二回，按照自己的想法解；第三回，计算时间，用最快、最简便的方法解。

累积这样的经验就能培养出自信，在考试中就是碰到从未练习过的题目，也能应答如流。

（7）减少计算的失误。学数学就是要细心、认真。会做的题，结果计算错了，叫人可惜。看好数字，大多数的误差就出现在漂亮的数字上。例如1、6、7、9、3、5在慌忙的计算中，很可能把1看成7，6看成9，3看成5，而且在验算和检查时也不容易发现。因此，在书写数字时一定要端正。虽然你知道，但这是一种反射活动，往往是无意识的手部动作。所以，当你闲聊时，可在草稿上经常练习。习惯了以后，你的计算速度不但会增快，而且会减少计算的错误。

（8）掌握答客观题的技巧。有一段顺口溜我们来分享一下。"客观题捡芝麻，计算题抱西瓜，几何证明慢慢爬"。说的是试题在考试中得分的分布。客观题（填空、选择题）题小、面广、浅显、基础、好得分，千万不能失误，如果失误了你得不到高分。如果后面大题再失误了，那就只能得低分了。

（9）准确掌握概念。概念一般包括对象、前提、表达方式等内容。学习时要仔细推敲，弄清关键词语，明白实质。要分析概念之间的联系和区别，采用比较法找出异同点。

学生学习好的五个学习环节

第一个环节：预习。上课前先自学一遍，明确哪些懂了，哪些似懂非懂，哪些完全不明白，针对问题写简单的笔记，上课时特别注意这些问题，留心听讲，重在理解。

第二个环节：上好课，专心听讲。带着自己的问题，跟上老师的思维，听清老师是怎样一步步分析这些问题的。如果还不明白及时问清楚，不要成为遗留问题。善于提问，参与讨论。不会提问题的学生不是一个好学生。下课后的3分钟内，把重点在脑海里提炼一遍再出教室。

第三个环节：认真写作业，改正错题。做完作业要仔细检查是否正确，自我检查的重要性不亚于做作业，做作业就是为了巩固和消化知识，吃了东西不消化不吸收，又有何用？作业经老师批改，错的，一定要改正，以后复习时翻看一遍，这比做作业更重要，作用更大。

第四个环节：复习。遗忘规律是先快后慢，所以当天学习的知识当天巩固，当天复习，一旦记住，难以忘记，隔一段时间再复习一下。这种复习方式既省力又见效。

第五个环节：总结概括。总结能使一个单元分散的知识联成一个整体，概括为一点，装进脑海里。

学习教育

培养孩子养成良好的学习习惯

习惯的形成始于儿童时期，孩子一上学就要养成好习惯，这是关系孩子一辈子的大事。有的孩子开始学习很好，但后来突然差了，原因就是没有形成习惯。

1. 养成定时专心学习的习惯：边看电视边学习，这是应付学习、马虎随便的坏习惯；迫使孩子长时间学习，这是导致厌学的坏习惯；哄孩子做作业，一会儿吃"肯德基"，这是贿赂孩子学习的坏习惯，等等。

2. 按时独立完成作业的习惯：遇到困难，家长启发，绝不能代替孩子写作业，更不能留到明天。

3. 正确的读书、写字姿势的习惯：不能在强光、弱光下看书，也不在吃饭时看书。开始练习写字，要一笔一画，像刻字一样认真。

4. 课后复习和课前预习的习惯。

5. 养成广泛阅读的习惯：读破万卷书，下笔如流水，书读得越多，知识面越广，读书学习的兴趣越高。

养成良好的习惯，需要良好的情商和智商。什么样的孩子智商较高呢？（1）眼珠灵活的孩子；（2）体重适中、身材匀称的孩子；（3）爱笑的孩子；（4）爱争论的孩子；（5）好运动的孩子；（6）经常欣赏音乐的孩子；（7）爱与父亲打交道的孩子；（8）睡眠充足的孩子；（9）吃母乳长大的孩子；（10）爱提问的孩子；（11）认真学习的孩子。具备上述条件的孩子，他们的智商一般都高，都有形成好习惯的空间。

下篇

教育漫话

过目不忘的记忆法

记忆的方法很多,像天女散花一样,数也数不清。下面介绍的记忆方法,它具有实用易学、速见功效等特点,适用于在校学生以及一切渴望打开知识宝库的求学者。掌握了这些方法,您就可以在几分钟时间里,轻而易举地记牢 3～30 个词语、物理常数、外语单词……你就再也不用为学习和工作的"记忆力差"而苦恼了。

千百年来,人们一直在探索如何提高记忆力。在日常学习、工作或生活中,往往有人告诉你应该记住什么,却没有人告诉你应该怎样去记忆。直到现在,还有不少人认为记忆力的好坏是"天生"的。殊不知,每个普通的人都拥有强大的记忆能力,只要拨去世俗的雾障,掌握科学的记忆方法,人的记忆力就会放出奇异的光彩。

研究证明,目前,人的记忆力只发挥了全部脑机能的很少一部分,如果遵循记忆规律,运用科学的记忆方法进行练习,记忆力就会显著增强。你不妨在茶余饭后实验几次,就会立竿见影。不过,方法在于运用,记忆在于锻炼,如果你只是走马观花,不求甚解,那么,再好的理论也是没有用的。只要你勇于探索,勤于训练,在实践中,这些方法便会逐步改变你的思维方法和记忆方式。那时你就会惊叹自己的记忆力竟会这么好!

妙语:每个普通的人都拥有强大的记忆能力,只要拨去世俗的雾障,掌握科学的记忆方法,人的记忆力就会放出奇异的光彩。

理解记忆法——若要记得,先要懂得。懂得的东西容易记忆,并且保持的时间也较长。理解是良好记忆的基础。

选择记忆法——记忆潜力是巨大的,但每个人的精力又是

有限的。人的大脑应该去记忆那些最有用的东西。

规律记忆法——弄清事物各部分之间的关系,在理解的基础上找出规律,则记忆的效果就好得多。

特征记忆法——有很多知识在整体上有相同,在内容上又非常相似,若找不出各自的特征就容易混淆,难以记忆好。

比较记忆法——比较的方法很多,如对立比较法、对照比较法等,综合起来有两点:同中求异,异中求同。

归类记忆法——就是把分散的趋于集中,零碎的组成系统,杂乱的构成条理。把知识梳成辫子,穿成串子,概括起来。

系统记忆法——人类记忆的首要问题在于组织。通过对知识进行加工改造,使之明确、简化,形成网络,汇入脑海。但注意记忆的痕迹不能混淆。

循环记忆法——当脑中的信息刚刚蒙上一层灰尘似忘没忘之时,立即刷新,及时复习。

背诵记忆法——一种特殊的记忆方法。它要求一字不差地记忆。如背诵唐诗宋词、外语单词等。

争论记忆法——通过与别人争论、探讨强化记忆。注意争论后确保记忆的东西是正确的。

复习记忆法——艾宾浩斯遗忘曲线告诉我们:遗忘的规律是先快后慢,特别是在 48 小时之内遗忘最快,要抓紧复习。如果记忆后能强化复习,一旦记住,就很难遗忘。

自测记忆法——自己对自己记忆的材料进行检验。检验的结果要核对正确的答案,并加以纠正。

概括记忆法——对材料进行提炼加工,把它变成一个疙瘩,牢牢地记忆。这是一种很好的学习方法。

提纲记忆法——编写提纲,体现材料的主要内容、精神实质、逻辑关系。也可对材料整理归类。

简化记忆法——对一个复杂概念的解释,对一个规律的阐述，对一个现象的剖析，对一个过程的总结等，都可以分解为几个要点，作为记忆的路标，提高记忆效果，对应考具有重要意义。也可把记忆的材料简化成几个字。

运算记忆法——如，1644年明朝灭亡，可想到16=4×4。"死"与"4"谐音，你就会很快地牢记住明朝灭亡的时间是1644年。

形象记忆法——以感知过的事物形象为内容的记忆。它比其他方法好得多。一个人做过的事情，终身不忘。

比喻记忆法——比喻可以变平淡为生动、变深奥为浅显、变抽象为具体。要求比喻贴切、紧扣材料、说明问题。

物象记忆法——记忆一般靠视觉，当需要回忆一些枯燥无味的知识时，如果脑中能浮现相应物象，效果更佳。

说话记忆法——把阅读的东西、感觉的东西随口说出来，大声喊出来，可以帮助记忆。

谐音记忆法——字与字、词与词的读音相同或相似，借以记忆，谐音记忆法的奥秘在于事物的双关性。

除此之外，还有歌诀记忆法、故事记忆法、窍门记忆法、音乐记忆法、咬文嚼字记忆法、认认真真记忆法、高声朗读记忆法等。

记忆增强术

当面对考试时，需要记忆的东西太多，总有手足无措的感觉。从记忆术的立场来说，有秩序地全部记忆，并不是不可能的。如果一项一项地单独记忆，反而不行，倒不如把要点联系起来，系统记忆。但要注意记忆的痕迹不能混淆。

记忆是可以锻炼的，加强理解，不断重复，集中注意，培养兴趣，科学用脑，动员多种感官参加记忆，做到听、看、读、写并举，眼、耳、鼻、嘴、手参与，集中打歼灭战，这是巩固记忆、

学习教育

减少遗忘的有效办法。适当思考，将知识积零为整，利用联想，把知识生活化，决心硬记，这是战胜遗忘的窍门。记忆法还有很多，下面是增强记忆术。

思考记忆法增强记忆术——撇开现成的方法不用，反而去思考新的方法。只要想想该事的前因后果，就能找到新办法。这虽然不正统，却能使记忆灵活，提高求知欲。

将知识生活化增强记忆术——设法把新学词汇放到日常生活中使用。如今天乘车，想想英文单词的汽车、轿车怎么讲。

增强记忆术还有很多，如兴趣增强记忆术、具有震撼力的增强记忆术、整理分类增强记忆术、细心观察增强记忆术、事物特征增强记忆术、结合过去的经验增强记忆术、把相关的事物联合在一起不要让外界事物影响增强记忆术、利用备忘本增强记忆术、建立一个记忆核心增强记忆术、书写一遍增强记忆术、利用肢体语言增强记忆术、念出声来增强记忆术、眉批增强记忆术、找出头脑最清楚的时刻分段增强记忆术、先从容易的地方开始增强记忆术、小睡片刻增强记忆术、夜深人静时回忆增强记忆术、图表帮助增强记忆术、记住错过的教训增强记忆术、书中的页数增强记忆术、教导别人增强记忆术、和朋友讨论增强记忆术、颜色区别增强记忆术、笔记本增强记忆术、仔细观察增强记忆术、咬字读一遍增强记忆术、决心想记增强记忆术、最初或最后时刻增强记忆术、早晨稍看一下前天的重点增强记忆术、答错的问题牢记增强记忆术、逆向帮助增强记忆术、书读百遍增强记忆术、利用失眠强化增强记忆术、自认不会增强记忆术等，这里就不一一介绍了。

妙语：记忆力是可以锻炼的，加强理解，不断重复，集中注意，培养兴趣，科学用脑，动员多种感官参加记忆，做到听、看、读、写并举，眼、耳、鼻、嘴、手参与，集中打歼灭战，这是巩固记忆，减少遗忘的有效办法。

增强记忆的 22 要素

提高记忆效果,必须做到:(1)有明确的记忆目的;(2)有长期记住的要求;(3)按顺序记忆;(4)力求准确记忆;(5)对记忆对象有迫切需要;(6)记忆要有兴趣;(7)有积极的感情;(8)注意理解;(9)避免机械记忆;(10)注意形象记忆;(11)记忆内容适当;(12)理解内容的逻辑结构;(13)记忆材料节奏要押韵;(14)多种感官参与;(15)集中注意力;(16)运用比较法;(17)厘清细目;(18)及时复习,艾宾浩斯遗忘曲线告诉我们,遗忘的规律是先快后慢,所以,记忆后要及时复习,克服遗忘;(19)尝试背诵;(20)力求达到记忆再现;(21)利用联想;(22)分散与集中相结合。

增强记忆的必要条件

(1)集中注意力;(2)明确的记忆目标;(3)丰富的阅历;(4)运用和实践;(5)稳定而愉快的情绪;(6)适当的营养;(7)新鲜的空气;(8)合理的作息制度;(9)记忆的最佳时间:早上和晚上;(10)戒烟戒酒,抓紧复习,合理用脑。

教孩子读书的窍门

眉批读书法 —— 在书上写批语。

重复读书法 —— 反复阅读、深入理解材料的精神实质,牢固掌握其要点。

"再创造"读书法 —— 在读书时,通过在书上写批注、画各种圈点符号,对书的内容、思想和情节进行肯定、批评或质疑。

读序跋读书法 —— 可以了解作者的写作动机、经历，了解作品的性质、意义、内容。

出入读书法 —— 先深入书本，后跳出书本，学会运用，活化读书内容。

冷热读书法 —— 冷看，就是要思考；热读，就是要联想。

一意求之读书法 —— 就是抱着一个明确而具体的目的去读书，从中找出自己需要的知识。

采花酿蜜读书法 —— 按照自己的需要，有目的、有选择地读书，读了能理解，重点能掌握，特别是对自己有教益、有用处的书要认真地一本一章、一节一句地边读边想边记，像蜜蜂采花酿蜜一样。

分类读书法 —— 分出哪些书该精读，哪些书只需阅读掌握其要旨，哪些书只做浏览。

去伪存真读书法 —— 吸取其精华，剔除其糟粕。

"个个击破"读书法 —— 集中注意力于一个方面，待这个问题攻破了，再攻第二个问题，化整为零，一一求之，逐个攻破，不可八面出击，东一榔头西一棒子。

"吃"书读书法 —— 读书既要吸收，又要消化，又要善于运用，即读书和思考结合，读书和练习结合，读书和应用结合。前两个结合是手段，后一个结合是目的。

测读读书法 —— 边读边想，读前思后。

逆向读书法 —— 从结论读起，然后提出问题，进行思考，分析形成结论的原因和根据，在此基础上进一步理解与记忆学习的内容。

读目录读书法 —— 可以帮助我们简明扼要地了解书中的研究动向以及各种新观点，从而有目的地选择要读的书籍。

"不求甚解"读书法 —— 观其大略，泛泛浏览。

"十目一行"读书法 —— 精细琢磨，字字入心。

"遗忘"读书法——读书时,把那些不必要的东西忘掉。

"不取亦取"读书法——博采百家之长,别开洞天,有所创新,对书本知识不盲目崇拜,不亦步亦趋。

"浓缩精华"读书法——渐渐向里深入,以求得要旨、精华。

定额读书法——每天给自己规定读书任务。

带题求解读书法——带着问题到书中去寻找答案,是提高读书效率的一种方法。

同类比较读书法——把论述同一问题的各种书都找出来,比较着阅读,看哪本书论述新颖、独到、准确、全面、深刻、生动、有说服力。

未读先思读书法——在拿到一本书后,先认真读全书目录,记住大章小节的标题,然后合上书本,按照章节的命题、结构、逻辑进行深入思考,直到对这本书有了大致轮廓。

正读反思读书法——科研工作者和评论工作者的读书方法,分两个阶段。第一阶段正读,第二阶段反思。

抽签读书法——在一门课程学到一定程度后,把思考题写在准备好的卡片上,一张卡片写一道题,然后用抽签的方法,任意抽出卡片来,抽到哪张卡就要回答哪道题,再对照正确答案进行自我检验,看回答得是否准确、完整。运用这种方法可提高学习效率,又可提高学习兴趣。

劝学名言

善于放飞的人,空中有路;善于游泳的人,水中有路。
善于阅读的人,书中有路;善于学习的人,到处有路。
一个人如果不知道学习的重要,他永远也不会变得聪明。
心灵中的黑暗必须用知识来驱除。
知识就是力量,人有多少知识,就有多少力量,他的知识

和他的能力是相等的。

没有任何力量比知识更强大，用知识武装起来的人是不可战胜的。

知识是引导人生到光明与真实境界的灯烛。

积财千万，不如薄技在身。

无知者是不自由的，因为和他对立的是一个陌生的世界。

知识，只有知识，才能使人成为自由的人和伟大的人。

不学无术的人，其本人不可能是幸福的人，还会给别人带来危害。

好学不倦者，必成大才。积学以储宝，酌理以富才。

学者非必为仕，而仕者必为学。

没有一番彻骨寒，哪得梅花扑鼻香。

人不是靠他生来就拥有一切，而是靠他从学习中所得的一切来造就自己。

人生是一本日历，翻过去就不能翻过来了，人类的认识能力是无限的，但是，个人的认识是有限的，这需要善于学习。

书是我们时代的生命。立身以立学为先，立学以读书为本。

为中华之崛起而读书。

读书之于精神，恰如运动之于身体。立志者，为学之心也；为学者，立志之事也。

知之者不如好之者，好之者不如乐之者。

不论是工作还是学习，一开始就要有个明确的目标。

治学要有明确的目的，才能勤学苦练，孜孜不倦。

学习是为了提高工作的能力，加强工作的效率。

哪里有天才，我是把别人喝咖啡的工夫都用在工作上了。

学问是不容易得到的，只有在不倦的劳动中才能取得。

科学家的态度，应该是知之为知之，不知为不知，丝毫不能苟且。

学习这件事不在于有没有人教你,而在于你自己有没有觉悟和恒心。

不惜寸阴于今日,必留遗憾于明朝。

不到我的生命和世界告别时,我的真正的学生生活是不会终结的,也是不应该终结的。

古有凿壁偷光,映雪读书,披星戴月,闻鸡起舞学习者;如今在知识爆炸的年代,更有如饥似渴,分秒必争,孜孜不倦,埋头攻读者。

学习切忌好高骛远、急于求成、一曝十寒,而应循序渐进、一丝不苟,具有治学严谨的态度,那种不求甚解、浅尝辄止的学习态度终会学业荒疏,一事无成。只有百折不挠、知难而进,遇到难题虚怀若谷、不耻下问,或者互相切磋、精心琢磨,或者举一反三、触类旁通,这样才能心领神会、融会贯通,达到熟能生巧、应用自如的地步。只要具有这种学而不厌、诲人不倦、锲而不舍的精神和毅力,持之以恒,永无止境地学下去,业精于勤,才会有志者事竟成。

读书的比喻

读一本好书,就是和许多高尚的人谈话。

腹有诗书气自华,高雅品位贵裕丰。

书是人类进步的阶梯。

当我们第一遍读一本好书的时候,我们仿佛觉得找到一个朋友,当我们再一次读这本书时,仿佛又和老朋友相逢。

读书是一种至高无上的娱乐。书犹药也,善读之可以医愚。书是知识的源泉。书是全世界的营养品。

我扑在书上,就像饥饿的人扑在面包上。

一本好书,就是一个好的社会,它能够陶冶人的感情与气质,

使人高尚。

书是随时在你近旁的顾问，随时都可以提供给你所需要的知识，而且可以按照你的心意，重复这个顾问的次数。

书籍是青年人不可分离的生命伴侣和导师。

各种蠢事，在每天阅读好书的影响下，仿佛烤在火上一样，逐渐融化。

一本新书像一艘船，带领着我们从狭隘的地方驶向生活无限广阔的海洋。

教育孩子学习我国历代的神童

闵子骞——春秋鲁国人，幼时出语感父，睦和家庭。

鲍氏小儿——齐国人，十余岁以蚊子吸血、虎狼吃人驳田氏贵族的鱼雁为上天所赐的论点，让田氏哑然。

甘罗——出使赵国，凭舌战为秦得河间5城，12岁封为秦国上卿。

路温舒——西汉人，7岁取泽中蒲，截之写书以自学。

匡衡——西汉人，凿壁偷光，终成大器。

贡橐——春秋时人，3岁即读书，7岁以早晨的太阳近还是中午的太阳近的问题难住孔子。

王充——东汉人，6岁即知书识字，博学多才，终成杰出的教育家和杰出的唯物主义哲学家。

王粲——汉末著名文学家，幼时强记默识，博览群书。

孔融——东汉人，4岁让梨，背诗诵赋。

曹冲——三国时魏人。7岁用船借石称象，聪慧过人。

张俨——三国时吴国文学家。幼时即席赋诗《赋犬》："守则有威，出则有获……"深受朱据赞赏。

钟会——三国时魏人。幼时随父见魏文帝曹丕，神态自如。

钟毓汗流满面。丕问其故,毓答:"战战惶惶,汗出如浆。"钟会答:"战战栗栗,汗不敢出。"机敏善辩,满座皆惊。

诸葛恪 —— 三国时吴人,诸葛亮之侄。随父诸葛子瑜赴宴,人讥其父脸长,挂"诸葛子瑜"于驴嘴。恪上前挥笔加"之驴"二字,即"诸葛子瑜之驴",替父解围又得驴。

张华 —— 西晋人,从小牧羊读书,9岁作赋显才。

竺法护 —— 音译昙摩罗刹。西晋佛经翻译家。幼时笃志好学,博览群书,日诵经万余言,8岁即远出寻师于洛阳、西域。会36种语言,一生共译佛经175部。

车胤 —— 幼时家贫、囊萤学书,终成西晋名士。

释道安 —— 东晋人。幼时寒门苦读,日诵一卷,只字不差。后成译经主持人,译出《四阿含》等百余万字的经书。

谢道韫 —— 东晋人,女,自幼好学,7岁时喻雪"未若柳絮因风起",后人常用"咏絮之才"夸颂才能出众的女子。

王羲之 —— 东晋人,少时摹仿练字,日夜不停,终成大书法家。

范云 —— 南朝梁诗人。6岁每日自定诵背9页《毛诗》,从小"下笔辄成",不同凡响。

张率 —— 南朝梁吴郡人,少年笃志好学,六七岁开始写诗,12岁起每日必作诗一首,16岁即作诗2000多首。时人赞其"工诗善赋,才笔弘雅"。

王僧孺 —— 南朝文学家。5岁读《孝经》,6岁即能作文应赋,7岁能日诵万言,遍览众书。

谢瞻 —— 南朝宋名诗人。6岁即作文章,代表作有《果然诗》《紫石英赞》。

刘孝绰 —— 南朝梁文学家,名冉,字孝绰,小字阿士。7岁即能诗善文,名噪一时。

刘孺 —— 南朝梁诗人。幼时才思敏捷,7岁能文。

学习教育

祖莹——北魏学者。7岁能诗文，8岁能背诵《诗》《书》，人称"圣小儿"。自幼好学，刻苦奋发，藏火夜读，千古佳话。

萧大圜——北朝周、隋间人，是梁代简文帝的第20子。4岁能背诵《三都赋》《孝经》和《论语》等典籍，自幼好学，记忆非凡。

岑文本——唐朝文学家，自幼善思好学，14岁作《莲花赋》。

白居易——唐朝诗人。5岁即学写诗，勤奋读书，以致舌头生疮、手肘成胝，终成大诗人。

权德舆——唐朝人。幼有天赋，聪慧颖悟，3岁便"知辨四声"，4岁能写诗，时人称"4岁小诗人"。10岁已写了好几百篇文章，编成《童蒙集》。一生手不释卷，刻苦好学，确为唐代"工诗善文"的诗人和文学家。

李贺——唐朝一位有特殊成就的诗人。他4岁就学诗习文，6岁即能背诵大量诗歌，7岁时诗就写得不错，终因广识博记，成为才华横溢、名扬四海的诗人。

王勃——唐朝著名诗人和文学家。自幼恋书如渴，学习勤奋，用心专注，9岁著文《指瑕》，指出《汉书》中的许多缺漏和错误之处，后作《滕王阁序》，为世人传诵。

骆宾王——"初唐四杰"之一，著名文学家，今浙江义乌人。自幼好诗喜文，7岁作《咏鹅》诗："鹅，鹅，鹅，曲项向天歌。白毛浮绿水，红掌拨清波。"写白鹅在水中游动的情景，贴切形象，画面生动，清新优美，百读不厌。

贾嘉隐——唐朝人，7岁时，一次，老诗人身靠松树问嘉隐树名。答曰"松树"。老人问其故，贾说："我叫你公公，公靠木不就是松么？"又有一次老诗人身靠槐树，问其树名，贾曰："槐树。"问其故，贾说："不是树不一样，而是人不一样，公公靠木，像棵不老松，鬼靠木，那是槐。"机敏善辨，令人瞠目结舌，传为千古佳话。

175

下篇 教育漫话

陈黯——唐朝文学家。10岁能诗文,勤奋练笔,才思日增。13岁时,清源县令讥陈面上有痘瘢说:"小诗童,黑痘瘢,怪好看。"陈黯即挥笔赋诗道:"玳瑁应难比,斑犀定不加。天嫌未端正,满面与妆花。"意思是:龟类动物的漂亮的斑点比不上我痘瘢好看,犀牛那美丽的花瓣也无法与我相比,上天唯恐我长得不够端正美丽,就用花朵装饰我的脸部。为人机敏,声名大振。

李泌——唐朝大臣。幼年早慧,6岁便阅读大量诸子百家书籍,7岁即能下笔千言,文理通顺,时人称为"奇童"。

欧阳修——北宋杰出文学家。自幼家贫,4岁时以芦苇杆代笔,勤学苦练,终成巨匠。

苏轼——北宋杰出文学家,自幼善思好学,十二三岁时将老师刘微之的《鹭鸶》诗中"渔人忽惊起,雪片逐风斜"一句,改为"雪片落芦苇",深受老师赞扬。少年显奇才,长大成名家。

司马光——北宋杰出史学家。自幼聪明好学,善于思考。一天遇一小孩掉进盛满水的大水缸,其他小朋友吓得惊跑,司马光却不慌不忙,用石击破缸壁,救出小孩。

黄庭坚——北宋著名诗人。字鲁直,号山谷道人。自幼纵览六艺,博学多闻,多才多艺,少时即享盛名。

宋慈——南宋人。自幼刻苦好学,立下为民洗冤的志向。他写的《洗冤杂录》五卷,成为世界上最早的法医学著作,被译成英、法、德等十多种文字。20世纪50年代,外国出版的《法医学史及法医检验》一书,尊称他是世界伟大的法医学家。

王冕——元朝人。自幼家贫,无钱读书,便趁放牛之机悄至学校,窗下偷听,书挂牛角,灯下苦读,终成名诗人和画家。

杨升庵——明朝四川人。一次弘治帝对群臣出联求对,所出上联为:"炭黑火红灰似雪",群臣无以对。作为小孩的升庵却对道:"谷黄米白饭如霜",帝及众人大奇。又一次,升庵在家乡一湖里洗澡,逢县官而不避。县官将升庵裤子挂于树上,

学习教育

出联为难,出上联为:"千古古树为衣架",升庵即对道:"万里长江做澡盆"。县官惊其才,还裤于升庵。

解缙——明朝人,自幼善思好学,聪明过人。一次雨后放学回家,至一土地庙前,不小心滑倒,滚一身泥巴,被两个在庙内下棋的富人嘲笑,缙回敬道:"春风伴春雨,水流满街泥,摔倒大官人,笑煞两匹驴。"到少年时,缙才思日增,名声日显,长大后,主持纂修《永乐大典》,成为明朝有名的文学家。

第三部分 早期教育

对孩子的教育无论开始得多早都不算早。孩子是人类的未来，国家的强盛寄希望于儿童。

本部分内容适合 0～12 岁的孩子。阅读时，建议你一定要联系实际，再把信息传递给孩子。

少儿生活禁忌

不要让宝宝含着乳头睡觉 含着乳头睡觉很容易让宝宝产生依赖，造成以后断奶困难。还会影响婴儿上下颌骨的发育，使嘴变形。

婴幼儿忌多吃奶糖 奶糖中的物质极易黏附于牙齿上或牙缝中，使婴幼儿乳牙疏松，形成龋齿。另外，吃糖过多会降低食欲，造成婴幼儿营养缺乏。

妈妈持续高烧忌喂奶 因为感冒病毒已经出现，若需要喂奶必须询问医生，同时需要戴口罩。

婴儿断奶忌太晚 随着婴儿的生长发育，母乳已不能满足婴儿对各种营养的需要，继续吃母乳则会使婴儿营养缺乏，导致缺铁性贫血、食欲不振、抗病能力减弱等。

小儿后脑、后背忌拍打 婴儿后脑和脊椎骨的椎管内有中枢神经和脊髓神经，若用力拍打孩子后脑及后背，过大的压强和震动容易使孩子的中枢神经受到损害，造成神经系统的损伤。

婴儿忌久抱 婴儿骨骼发育快，可塑性强，终日怀抱不离，会影响骨骼的正常发育。此外，婴儿的胃呈水平位，胃上口贲门松弛，胃下口幽门肌紧张，若喂奶后即抱起会引起吐奶。

宝宝睡醒了不要马上抱起 能让他多睡一会儿就多睡一会

儿，即使真的醒了，只要不闹不哭，也不要马上抱起，让他多玩会儿。

婴儿忌洗澡过频　婴儿皮肤角质层软而薄，血管丰富，吸收能力强，洗澡次数过频，会因皮肤表面油脂被去除而降低皮肤防御功能。抵抗能力差，易生病。

幼儿忌入托太晚　1岁半至4岁是幼儿智力发育的重要阶段。在这个阶段幼儿好奇心强，乐于探索新环境，暂时与父母分离所产生的恋母情绪也能克服，能够迅速适应陌生环境，容易接受新环境的影响，并努力效仿学习。若入托太晚，则不利于幼儿接受集体生活和教育，不利于幼儿的智力开发。

早晨忌斥责孩子　教育孩子不但要注意方式方法，还要注意时间的选择。早上一起来就斥责孩子，是非常不合适的。大声训斥容易引起孩子惧怕，把孩子宁静的心境扰乱，使他们整天心神不宁。在早晨骂孩子，父母的一腔闷气虽然发泄了，但是给孩子身心上、精神上造成的影响是非常大的。

孕妇忌饮酒　孕妇饮酒，酒精可通过胎盘进入胎儿体内，使胎儿大脑细胞的分裂受到阻碍，导致中枢神经发育障碍，造成智力低下。酒精还可破坏生长中的胎儿细胞，使胎儿生长缓慢，并造成某些器官畸形，如小头、短腿、下巴短、嘴鼻畸形、痴呆、身子短等，甚至引发心脏的畸形。

耳屎切忌挖除　挖耳屎易损伤外耳道，引起外耳道炎；易刺激鼓膜，引起中耳炎，发生鼓膜穿孔。耳屎可以黏附灰尘，防止异物侵入，若挖除耳屎，清洁、防御的作用就丧失了。因此，孩子的耳屎切忌挖除。

少喝纯净水　纯净水不含氟化物，孩子常喝易患蛀牙。

忌用奶瓶喂宝宝辅食　用奶瓶喂辅食，同吃奶一样，都是吸，直接吞咽，这不利于咀嚼能力的锻炼，也不利于饮食模式的转变。

忌对哭闹的宝宝发脾气　妈妈生气、沮丧、焦虑等情绪很容易"传染"给宝宝，从而使宝宝更加哭闹。

忌逗宝宝大笑不止　过分逗宝宝笑，会使宝宝大脑瞬间缺氧，引起暂时性脑贫血，时间久了，宝宝会口吃和傻笑，容易发生下颌关节脱臼。因此，不宜过分逗宝宝笑得上气不接下气。

少吃煎炸食品　炸过的虾、鱼干或腌肉都会产生过氧化脂质，使某些代谢酶受到破坏，造成大脑发育不全。

少吃味精　孕妇经常吃味精会引起胎儿缺锌或脑细胞坏死。所以，孕妇和1岁内的宝宝禁食味精。

妙语：简单的事情要认真做，有益的事情要反复做。

保护新生儿要点

胎儿从出生到出生后满28天这段时间叫新生儿。保护要点有：

一、新生儿生活的房间要冷热适宜，空气新鲜，无异味，对新生儿要做好接种疫苗。

二、新生儿尽量少接触人，因为新生儿从无菌的子宫来到人间，抵抗力弱。而大人的唾液、手指都有细菌，要防止传染。

三、新生儿要勤换尿布，注意清洗，保护皮肤。新生儿的皮肤很娇嫩，大人动作要轻柔。不要擦口腔，以免损伤口腔黏膜。

四、这个时期，宝宝的身体和各种能力不断发育，处在发育最敏感期，注意保护感官系统，促其快速成长。

五、哭是新生儿的运动方式和特殊语言，每天哭一哭可促进血液循环，使肺泡充分扩张，但如果哭得厉害、时间又长，就要找原因。不要一哭就抱或给奶吃，这是不合适的。

当孩子哭闹不停的时候，不管什么原因，千万不要不理不睬，可试试下面几个小窍门：

1. 紧紧包裹，让宝宝感觉好像又回到妈妈的子宫里，安

全舒服。

2. 宝宝的头紧贴妈妈左胸，听听妈妈的心跳声。

3. 让宝宝脸朝外侧卧，回到在母体中的姿势。

4. 在婴儿耳边嘘几声，因为在婴儿的语言里，嘘声就表示"我爱你"。

5. 轻轻地摇晃宝宝，因为宝宝在充满羊水的子宫里时，一直都在晃动。

6. 听听噪声。子宫其实是很吵的，偶听噪声可能会让宝宝停止哭闹。

早教与玩耍

1. 多与宝宝说话。如用语言表示动作"伸出你的小手，妈妈给你穿衣服"。小孩子模仿能力很强，注意发音准确，不要说方言。

2. 利用"行走反射"促进大脑发育。行走反射是无条件反射，同哭一样，是先天的。

3. 常做培养宝宝记忆力的游戏。如看全家照片找爸爸、手中猜物、说出厨房的物品等。

4. 训练跳跃有好处。跳跃能使孩子喜欢表现自己、不怕生、培养勇敢的性格，并且以后学习舞蹈学得快、协调、有悟性。

5. 不要扼杀孩子的好奇心。小孩开始认识世界，什么都想看，什么都想摸，什么都想摆弄。如果父母"这也不能动，那也不能动"，这样不但不能满足孩子的好奇心，反而扼杀了孩子的求知欲望。

6. 让孩子独自玩玩具。在孩子情绪好的时候，把玩具放在孩子周围，让他自己玩，这有利于帮助孩子建立独立的好习惯。

7. 多带孩子到户外活动，可提高孩子对环境的适应能力。如，让孩子边走边看、在草坪上玩，和其他小朋友在一起玩。

8. 让孩子展开联想的翅膀。父母多留心，不放过任何启发的机会。如，在图片上见到小狗，让他学"汪汪"；当孩子提问时，不急着回答，先让他想想；当孩子对物品有兴趣时，告诉他名称、用途等。

9. 教孩子数数。口手一直点数、拍手数数、念儿歌数数都是不错的方法。如，"一二三，爬上山，四五六，翻跟头，七八九，拍皮球，伸开手，十个手指头"。

10. 教孩子认识自己的姓名、性别等，并能向他人自我介绍，也能询问对方。

11. 在"吃、住、行"等方面要"光盘子、叠被子、净屋子、快步子、照镜子"。

幼儿早期教育的重要性

幼儿早期教育的重要性可从以下五点简略说明。

1. 为了人生在有限的时间内掌握更多的知识。

2. 学龄前幼儿大脑生理发展最快，抓住这个黄金时期，给予足够的、合理的锻炼，促进大脑发育。

3. 对于儿童特殊才能的发展来说有决定意义，如弹钢琴、画画、唱歌、跳舞、学英语。

4. 为儿童以后的发展提供一个较高的起跳点。如，让1岁的孩子赤脚行走，能驱除体内过多的静电，很好地健脑。

5. 2～3岁是儿童学习口头语言的关键年龄；4～5岁是开始学习书面语言的关键年龄；4岁左右是形象视觉的关键年龄；5岁前后是掌握概念的关键年龄。抓住关键时期，以最佳的方式给予相应的教育，则能取得最佳效果。

应该怎样对孩子进行早期阅读教育

阅读能引导儿童主动想象，增强创造性，是一种很好的早期教育方式。

专家认为：儿童阅读愈早愈好，习惯从小养成。

1. 间接阅读期：从牙牙学语时开始，即大人读，幼儿听。内容要简单好听，目的是向孩子发射语言信息，让孩子看大人的口形和表情。

2. 教读期：孩子刚会说话，把他抱坐在腿上，鼓励其指着图画和文字或拼音字母或数字，跟大人一起读，即"教读"。让孩子逐渐完成由耳听到口读的转变。

3. 看图识字期：3～4岁，看图识字，看拼音认字。

4. 不阅读的绘画期：4～6岁，这时孩子对图画、小人书、绘本感兴趣，选《简笔画》让孩子仿画。

5. 阅读传说期：6～8岁，好奇心强，选择简单传说类的书。

6. 阅读童话期：8～10岁，选《童话大王》等。

7. 阅读故事期：10～15岁，选古今中外科学家的故事书。

8. 阅读文学期：15～18岁，选经典名著。

阅读注意：一是所选书要健康有益；二是每次读书不超半小时；三是规定时间，不硬性要求。

孩子语言学习的关键期是 1～3 岁

在关键期里，孩子每天至少应说 2000～6000 单词。通过说话可以开发孩子的智力，因为，说话本身也是一种劳动，这种劳动是抽象的高级劳动，这种劳动能使人更加聪明。实践证明，孩子话多，长大后必然思维活跃、性格开朗、更加聪明。

妈妈要引导宝宝多说话，使宝宝处在一个说话的环境里，为宝宝潜能的发挥创造条件。错过了语言学习的关键期，宝宝的发育就会落后。以后，要付出百倍的努力，才能达到一定的效果。要做到：

1. 多给宝宝说话的机会。若宝宝指奶瓶想喝奶，尽管妈妈明白，也要让他说出"奶瓶"二字，妈妈可给他个空瓶，再让他说出"水"字。又如孩子想吃苹果，你问他为什么；也可以给他香蕉，培养孩子说话的兴趣。

2. 纠正宝宝错误的语音。如把"吃"说成"七"。应当给他示范正确的发音，张开嘴让他看舌尖放的位置，训练正确发音。

3. 跟宝宝说话不要总用儿语。不必担心说书面语言孩子听不懂，会使孩子语言停留在简单的模仿上，延迟说完整话的时间，影响孩子的语言表达能力，对孩子聪明不利。

4. 不要总用叠词跟宝宝说话，如抱抱、饭饭、果果、拿拿或屁屁等。这样会延迟宝宝从口头语向书面语的过渡期。1～3岁是孩子口头语言学习的关键期，4～5岁是书面语言的学习形成期，5～6岁是形象直觉概念形成期，6～7岁开始形成抽象概念、总结、比较。

少儿长高在春天、夜晚

儿童生长速度最快的是5月，最慢的是10月。应注意以下几点：

一是充足的睡眠。每天至少安静睡10小时以上。世界卫生组织指出，夜间生长激素释放是白天的几倍到几十倍。

二是合理的营养。高蛋白及含钙、磷、矿物质和维生素的食品都是少儿所必需的。

三是适量活动。享受大自然的阳光沐浴，参加跳跃、拉伸、

球类等适合的运动。

宝宝1～2岁的行为特点

在这个时期，(1)宝宝喜欢问为什么，这是个大好事。也有可能同一个问题，他要问好几遍，表达自己的好奇。父母要认真作答，不要不理不睬，在这个时候，孩子接受力最快。这个时期是宝宝智力发展的关键时期，语言和智力突飞猛进、快速发展，父母认真回答孩子的为什么，可以很好地促进宝宝的智力发展。(2)宝宝喜欢看大人做事。人天生就有模仿的能力，父母的言行举止一定要注意，发现孩子有不良的模仿行为要及时纠正。父母要敢于向宝宝做自我检讨，妈妈的任务就是要让宝宝模仿正确的行为。(3)宝宝喜欢要别人的东西，尤其是吃的东西。这是好奇心所致，随着年龄增长，这种现象会自然消失。但是，父母不要放任自流，这是一种危险的人格特征，克服这种现象，关键在于正确引导。

宝宝2～3岁的行为特点

(1)宝宝开始亲近熟人，愿意和小朋友一起玩。妈妈要多参加集体活动，有意识地带领孩子多出去玩或走亲戚，让他交几个朋友，若朋友来家，妈妈可退居"二线"，让宝宝们自己玩。(2)宝宝开始注意旁人的情绪。如问妈妈："哥哥为什么哭了？"妈妈要认真解释原因。妈妈处理情绪的方式、方法，对孩子有潜移默化的作用，不要对宝宝产生负面影响，要正确疏导，促进宝宝的情感发育。(3)宝宝开始任性，越来越不听话，这预示着孩子想法越来越多。这是好事，说明孩子自我保护意识在增强。如果孩子"磨人"，妈妈也不要烦恼，领他出去玩，占据他磨人的空闲时间。

培养宝宝良好的文明礼貌习惯

讲文明、懂礼貌的品格不是天生的，而是通过后天培养教育逐渐形成的，做一个人见人爱的好孩子，首先要懂得文明礼貌。（1）教宝宝主动与熟人打招呼。（2）教宝宝会说文明礼貌用语。（3）教宝宝行为举止美。如，告诉孩子，到别人家去，首先要敲门，吃饭不要先动筷子，吃饭时不要冲着饭桌咳嗽，不要随地吐痰。（4）培养宝宝遵守公共秩序，懂得排队。（5）培养宝宝保护环境，爱护公物，不随意攀折树木花草，不随地大小便。

名人教子

到校读书，回家锄地，锻炼脑子，锻炼体力，这样的人才能成器。

在校听老师的话，在家听爹妈的话，这样的孩子成长快。

任何一位卓有成就的人，都惜时如金，不浪费分秒。

我们无法改变人性，但教育可以满足人性。

积千累万，不如有个好习惯。

要想赢，别叫停，若有梦，别叫困。

刻苦读书板凳要坐十年冷，认真习作文章不写一句空。

德养运，善养福，聪明养一生。

故事启智，音乐育心，知识改变命运。

引导比恐吓、哄骗、打骂效果都要好得多。

懒惰和愚蠢在一起，勤劳和智慧在一起，消极和失败在一起，毅力和胜利在一起。

善于放飞的人，空中有路；善于游泳的人，水中有路。

善于阅读的人，书中有路；善于学习的人，到处有路。

大本领人，当日不见有奇异处。

真学问者，终身无所谓满足时。

读万卷书，行万里路。

习惯不是因为知识而改变，习惯是因为触动而改变，改变源于触动，触动源于场景。

4～5岁的孩子培养目标是什么

1. 身心状况。（1）在家长的提醒下，能保持正确的站姿、坐姿，能保持稳定情绪、愉快情绪。愿意把自己的情绪告诉别人，一起分享快乐或求得安慰。（2）能在较热、较冷的环境中活动。（3）能适应坐车轻微的颠簸。（4）能听口令左右、前后变速走，能闭眼走5～10步。（5）能变换身体姿势，如半蹲、倒退，能跨过低障碍物，能双脚夹物跳、单脚跳、立定跳、单脚原地旋转。（6）能单手抓杆悬空、扔物。（7）会用筷子吃饭，会画简单图形，会对齐折纸。（8）能按时起床、睡觉、如厕、刷牙、洗脸，能自己穿脱衣服、擦屁股等。（9）知道一些简单的交通规则，知道不让别人碰自己的隐私部位，知道躲避水、火、电。（10）不暴食、挑食，不贪喝饮料。

2. 语言表达。（1）能有意识地听与自己或家庭有关的信息。（2）能结合自己的感情用不同的语气、语调表达不同意见。（3）愿意与人谈话，交谈自己感兴趣的话题，讲述连贯。（4）能根据场合调节自己声音的大小，礼貌用语，不说脏话、粗话。（5）喜欢看图书、听故事，对标示、符号感兴趣。（6）在大人的提醒下，能写字、画画，并能做到姿势正确。（7）能读懂大人的面部表情，能按成人的意思，做力所能及的劳动。

3. 人际交往。(1)喜欢和小朋友一起玩游戏。(2)有事喜欢告诉长辈。(3)对大家喜欢的东西能轮流分享，不独霸。(4)有冲突时，能接受调解。(5)不欺负弱小。(6)自己的事自己做，不依赖别人。(7)有礼貌地向长辈提出自己的要求。(8)知道父母职业，愿意参加群体活动。(9)能体会到父母为自己所付出的辛劳。(10)对他人有关心、体贴的表现。

4. 社会适应。(1)了解医院、银行、公交站等概念。(2)爱护公共卫生，遵守公共秩序。(3)不私拿别人东西，更不能偷。(4)不说谎，接受任务要努力完成。(5)节约水电，爱惜粮食、衣物。(6)不和人打架，不做危险性的游戏。(7)身体不舒服或受到伤害时知道求救。(8)知道自己是中国人，升国旗时，能自动站好。

5. 求知欲望。(1)经常询问一些新鲜事物，好奇心强。(2)有时做点小实验。(3)能观察事物现象，比较、对比，大胆猜想。(4)知道一些材料的溶解、传热等性能和用途。(5)体验季节、植物和自己的变化。(6)懂得一些自然现象、自然变化以及和人类的关系。(7)能用语言、形状抽象事物。

6. 数学认知。(1)感知"数"的存在、意义、用途。(2)感知物体的轻重、厚薄、粗细和位置变化，并能比较大小多少。(3)能查数并能计算2和3在一起是多少。(4)知道自己几岁和家里人的年龄。

7. 感受与欣赏。(1)感受植物生长的基本条件和人生存的基本环境。(2)能专心听歌看节目，并能模仿。(3)能做手工劳动，如捏泥。(4)能通过哼唱、表演来表达自己的心情。(5)会拍手，表示对别人的赞许和肯定。

如何开发儿童脑潜能

经研究，大脑有以下特征：

1. 大脑喜欢色彩，对于初生儿，完全可选择各种高质量的色条，贴在墙上，有利于儿童思考和智力开发。在晴天的黄昏时分，带领孩子到室外观日，太阳光中有各种颜色变化，好看极了。观察时要两眼微闭。
2. 大脑需要空间，儿童学习室内要宽敞整洁。
3. 大脑需要能量，合理的饮食结构会使头脑更聪明。
4. 大脑需要水分，缺水能诱发头痛头晕。
5. 大脑喜欢问题，一有问题，大脑会自动搜索答案。
6. 大脑喜欢娱乐，心情好，学习就好。
7. 气味影响大脑，巧克力香味可使人的记忆力增强，也可把柠檬、茉莉和桉树叶等香料制成香袋，挂于室内。
8. 儿童大脑集中精力最多25分钟，用脑疲劳，效果欠佳。
9. 大脑需要休息，充足的睡眠，能充分发挥脑潜力。
10. 大脑能储存，有意地博览群书，一旦遇到机会，惊人的才能就发挥出来。
11. 大脑需要氧气，学习一段时间后，到自然界中去呼吸新鲜空气。
12. 大脑需要运动，让孩子玩一会儿，伸伸腰，做做操，打打球，会提高学习效率。
13. 大脑爱表扬，发现有一点闪光点，就要称赞。
14. 大脑需要重复，必须反复巩固记忆的材料。
15. 大脑有意念，想象力极强，可异想天开。
16. 脑门时而关闭，养成用脑习惯，不偷懒。
17. 大脑能捕捉要害，抓住事物的特征，概括总结。

18. 大脑喜欢阅读，阅读越多，大脑越幸福。
19. 大脑喜欢音乐，美妙动听的乐曲能激活脑细胞。
20. 大脑有反射活动，看到名人挂像，就会立志学榜样。

怎样让宝宝的大脑更聪明

（1）充足的睡眠。（2）重视早餐。（3）多听音乐。（4）防治肥胖。因为人的智力与大脑沟回褶皱多少有关，沟回越多、越明显，智力水平越高。如果摄入脂肪过多，会使沟回紧紧靠在一起，褶皱消失，大脑皮层呈平滑样，神经网络的发育就差，智力水平就会降低。（5）芳香居室。闻香开智，自古有之，可制作香袋挂于室内。（6）防治便秘。便秘时，代谢的有害物质容易被肠道吸收，进入血液循环，刺激大脑，使脑神经细胞慢性中毒，影响大脑的发育。（7）避免噪音。（8）手指多活动。如果能经常刺激手指神经细胞，大脑会日益发达，达到心灵手巧。（9）吃海带和鱼头、乳鸽。幼儿可煮汤喝。食海带益智，因为海带不但呈碱性，而且还富含碘和其他矿物质。每100克海带中含200毫克牛磺胺，牛磺胺对大脑发育作用十分显著。海带表面褐色物质含谷氨酸，高出鱼肝油30倍，可健脑补脑。有关专家证实：儿童每周吃3次海带，智商可提高20%。鱼头，食者伶俐、记忆力强，是帮助子女成才、好学上进的上乘食品，鱼眼更好，乳鸽，食头记忆力可增强。（10）赤脚行走。脚掌是人的第二心脏，赤脚行走不仅能刺激足底穴位，还能驱除体内积存过多的静电，是一种很好的健脑方法。（11）笑是培养宝宝良好性格的开端。爱笑的宝宝招人爱，也合群，并能刺激大脑发育，是一种潜能激发法。

怎样培养智力超常的儿童

天才没有支持和关怀将会泯灭,孩子的天赋要靠父母挖掘和培养。

1. 鼓励好奇心。活泼好动,好问,好奇,这是超常儿童的特征,家长一旦发现,就要鼓励,孩子一定愿意继续思考和探索。这是心理学的强化原则。

2. 培养观察力。兴趣广泛,不断用感官去探索周围的一切事情。家长可带孩子到大自然中去,有目的地指导孩子观察事物特征。

3. 培养多种兴趣。兴趣是大人物成功的秘诀,兴趣广泛,学到的知识才渊博。

4. 鼓励幻想。常常萌发奇思异想的人,有可能成为发明家。大胆怀疑,小心求证,只有怀疑,才有创新。

5. 允许孩子探索,如拆东西。孩子提问,自己不会时,不要敷衍,不要给一个模糊答案,确实不会就要查,不要有问必答,也可让孩子自己查找答案。

6. 及早培养孩子的忍耐力。忍耐力有利于智商的提高。比如孩子要求买汽车玩具,有五种解决办法:(1)立即满足,现在就去买。(2)超量满足,我给你买两个回来。(3)提前满足,我早就给你买了。(4)滞后满足,考试完了再买。(5)条件满足,考试分数提高了再买。这5种办法中,(4)(5)两种有利于忍耐力提高。

妙语:天才没有支持和关怀将会泯灭,孩子的天赋要靠父母挖掘和培养。

什么叫智商

智商，顾名思义就是智力商数的简称，是代表智力高低的一个具体数字。

具体计算方法为：智商 = 智力年龄 ÷ 实际年龄 ×100。

例如：一个 3 岁的孩子，他的智力已达到了 5 岁半的年龄，那么，智商为 5.5÷3×100=183，是个聪明的孩子。

分数越低，智力越差。0～25 分为白痴，25～50 分为痴呆，50～70 分为愚笨。分数越高，智商也高。90～120 分为正常，120 分以上为聪明或很聪明。

科学家们研究得出的"智商成长曲线"是：14 岁以前呈直线上升，14 岁以后逐渐缓慢下来，26 岁左右停止增长，36 岁左右保持波浪式的平衡，以后缓慢下降。

结论：智商成长曲线说明儿童期是人的智力发展的高峰时期，在这个时期适当培养，对人一生的智力发展有极其重要的意义。如果在幼儿时期没有接受过教育，就很难达到原来应达到的智力水平。

早期智力开发就是提供恰如其分的感官刺激，促进大脑神经发育，加速儿童的先天潜能变为现实能力。如感知能力、语言能力、记忆力、注意力和想象力等。

早期智力教育应遵循适当的原则，如果没有遵守原则，反而会造成拔苗助长、画虎类犬的效果，得不偿失。（1）把握孩子的心理特征。（2）根据个别差异。（3）启发诱导。（4）寓教于乐。（5）运用感官体验。（6）避免过度干涉。过度期望会给孩子造成压力，使孩子出现神经衰弱、恐惧、厌学、逃学等。

早期教育

怎样提高孩子的智商

人的智商有着相对的稳定性，但也能改变。培养高智商的孩子需要超常教育。（1）创造良好的家庭环境。（2）为孩子提供发展的机会。(3)对孩子的兴趣，父母要倍加珍惜。如孩子常常会缠着父母问这问那，若用"小孩子一边玩去"加以拒绝，孩子深受打击，以后想设法弥补，恐怕也难以奏效。要知道，孩子的兴趣容易变化，等你有兴趣想培养的时候，孩子对那个时候的兴趣已经不再有兴趣了，错过了教育的最佳时机。（4）不管什么时候，父母不要嘲笑孩子的努力。如父母训斥"你怎么这么笨，这么简单的题都会错"！这样指责伤害了孩子的自尊，好心没有好效果。（5）尽量理解孩子的心理。在小孩子的眼里，没有生命的概念，他看到碗摔碎了会认为"碗好疼"。(6)尽量用表扬激励孩子。望子成龙是人之常情，有些家长信奉"棍棒底下出孝子"，欲速则不达。经常训斥孩子，他心里会想"我究竟做错了什么"？其结果是孩子失去自信、放弃努力。

智力不是神秘莫测的，智力是一种能力，包括观察力、记忆力、想象力、注意力、思维力等。每个人的智力各有所长，各有所短，要发挥优势，扬长避短。

重点培养孩子的注意力

注意力是人的意识主动地、有目的地集中于某种事物的能力。注意力分为无意注意、有意注意和有意后注意三种。注意力是学生学习的关键。

心理学家们研究证实，任何有意注意都不可能持续超过20分钟。若穿插一些活动，注意力可以维持几个小时。许多家长发愁,"孩子聪明,可是学习为什么不好?"分析可知十有八九是注意力出了问题。

对青少年来说,要感知事物、思考联想,如果注意力不集中、不能指向感知的对象,做起事来肯定慢于其他孩子,因此,那些十分机灵但注意力总不能集中的孩子学习就不见得好。集中注意力都有哪些好处呢?

首先,可以激发好奇心,主动地探求未知,提升思维能力,深入思考问题。如搭积木时,孩子能垒得更高或组成各种新图形。可见,注意力集中可以提高学习能力。

其次,可以提高自信心,更能体验到成功的快乐。

人的注意力是很难长时间集中的,尤其是孩子。"走神"是正常的现象,表现为稳定性差、无法持续做事、粗心大意。请注意重点培养孩子的注意力。具体做法是:

1. 营造安静整洁的学习环境。抽屉、书桌少放东西,尤其是玩具,以免孩子随时翻动;不让孩子一边说话一边做作业;让孩子远离电视学习。

2. 要给孩子时间限制。父母不要在孩子身边"站岗"。培养孩子的时间观念,高度集中注意力。

3. 不要唠叨。不能让孩子养成听几遍才弄清的习惯,因为,老师讲课只讲一遍。训练孩子良好的理解力,鼓励孩子用自己的话描述听到的内容。

4. 保持充足的睡眠。有的孩子贪黑熬夜,学到深夜,早晨起来头昏脑涨,一整天都打不起精神。作为学生最重要的是白天学习,必须做到劳逸结合。

5. 父母要树立榜样。在孩子眼里,父母是最厉害的。等孩子上学了又认为老师最权威,常说"我们老师说的",孩子会通过观察家长和老师来模仿他们的行为举止进行学习。

6. 简单、清晰、明确地发出指令。含糊其词地教育孩子,

孩子就会不集中注意力。做事前，提醒注意什么。

7. 让孩子独立做事。没了依靠，孩子的责任心、注意力都会提高。如钥匙掉了，让他承担后果，他会长记性。

8. 一分钟训练。如一分钟写多少字，一分钟说多少词，一分钟走几步等。让孩子感受一分钟可以做许多事。

9. 有意注意训练。把下面这组数按从小到大的顺序重新排列"20、15、23、6、12、11、21、19、7、16、3、1、10、2、9、18、14、8"。用时30秒为正常。

10. 听觉注意力训练。读一篇短文，让孩子听后说出听到的"的"出现几个。

留心培养孩子的观察力

人们常常羡慕"心明眼亮"的人，其实就是观察力。常见的观察法有：分析观察、规律观察、特征观察、定量观察、比较观察、奇异观察、细节观察、计划观察等。

怎样培养孩子良好的观察心态呢？（1）感兴趣才能用心观察。大多数人听了《守株待兔》会一笑了之。设问：兔子为什么会撞到树上呢？观察可知"兔子两眼所成的像不能完全重合，慌不择路，撞树而死"。（2）写观察日记。这是锻炼孩子观察持久性的很好方法。（3）养成良好的观察习惯。比如让没见过面的人戴着眼镜，叫孩子看清他的面部特征。（4）郊游法。是常见的一种观察力训练方法。郊游前家长要做好准备，进行观察指导，有目的地观察。

不要束缚孩子的想象力

训练1："用9根檩条、6根柱子，盖成3间房子，分成6

个屋子"。猜一字。

训练2：什么字"2个口、3个口、4个口、5个口、6个口、7个口、8个口、92个口、十个口、千个口、11个口、12个口、18个口"？

训练3：小明问3个老人的年龄，3个老人分别写了3个字"本、末、白"。请猜猜3个老人各自的年龄吧。

训练4："一边绿来一边红，绿的喜雨红喜风，红的喜风最怕雨，绿的喜雨怕大风"。猜一猜这是什么季节？

卓越思维引领孩子的未来

教育孩子换一种思维方式看世界，破除思维定式。比如看魔术表演，人从扎紧的布袋里奇迹般地出来了。通常人从布袋上端出来，没想到布袋下面装有拉链。

不同的人，其思维特点也不同。发散思维是沿着不同的方向、不同的角度思考问题。如"说出砖头的用处"。可以"盖房、铺路、垫坑、修花园"等作为建筑材料，也可以当作武器去打敌人等。

孩子在学习中，需要各种思维能力参加。逆向思维、抽象思维、直觉思维、联想思维等都是不可缺少的。

歌曰：

宝剑锋从磨砺出，梅花香自苦寒来。

先苦心志劳筋骨，天降大任于斯人。

（训练答案：训练1：晶；训练2：回吕日、品目、田朤、吾、晶、叱、只叭、旭、古、舌吁、吉吐、咭、杏；训练3：81岁、81岁、99岁；训练4：秋季）。

第四部分　人生教育

　　心理学家们研究证明：80%以上人的智力基本相同，并可以提高，都有学好的可能。许多人没有成功、没有学好的原因就是没有良好的非智力，受非智力因素的影响。从小培养孩子良好的非智力，对孩子学习、工作有着十分重大的意义，所以，人生的教育将是孩子前进路上的指路明灯。

　　本部分后面的内容适合15岁以上的大孩子和大学生。阅读时，建议你一定要联系实际想一想，再把信息传给孩子。

什么叫非智力

　　记忆力、观察力、理解力、思维力、想象力、判断力、注意力等叫智力。智力以外的都叫非智力。智力因素以外的因素称为非智力因素，非智力因素对学生的学习有重大影响，可以说是至关重要，如情商、信心、毅力、坚强、性格、爱好、认真、守信、吃苦、助人、忠孝、守纪、固执、冷静等都属非智力因素。一个成功的天才人物，必定有良好的非智力因素，他们都勤学上进，不耻下问，尊重别人，热爱自己，懂得感恩，能够管理和处理自己的情绪。

　　有人认为：聪明是天生的，不就是遗传的吗？大错特错，天才与遗传的关系微乎其微。应该说性状是天生的，因为遗传只能遗传性状。什么叫性状？性状是指生理特征、行为方式、形态结构有相似之处。

　　天才如果能遗传的话，那可不得了，大人物都遗传下去，这个世界还是人的世界吗？简直是仙界。就是"克隆人"，也不能"克隆"智慧。

爱因斯坦说:"天才是99%的努力,加1%的灵感。"这1%的灵感从哪里来,就是劳动、学习。

有人问,你有没有使儿童成为天才的捷径公式呢?我用公式一套,孩子学习就好了。我回答:"公式可以建立,即:W=X+Y+Z,W代表天才、成功;X代表教育、学习;Y代表良好的非智力;Z代表机会和用脑。这三个变量共同作用,等于一个天才。其中,Y代表的包括前面讲的一切因素,如情商、忠孝、身体健康、处世艺术、不耻下问等。"

情商的培养

简单地说,情商就是管理情绪的能力。它包括认识自己的情绪、懂得他人的情绪、协调人际关系、自我激励和控制驾驭情绪的能力等方面。影响情商的因素与环境、遗传和后天教育学习有关。情商能弥补智商的欠缺,是学习好的驱动器、加油站,是提高学习竞争力的核心,是学业成功的利器。情商越高,适应环境的能力越强,并能激发人的潜能。情商决定未来,智商决定现在。

如何培养孩子的情商呢?(1)培养孩子"刨根问底"的习惯;(2)培养孩子独立解决问题的习惯;(3)培养孩子自食其力的习惯;(4)培养孩子热爱劳动的习惯;(5)培养孩子读书的习惯;(6)培养孩子吃苦的习惯;(7)培养孩子反省的习惯;(8)培养孩子珍惜时间的习惯;(9)培养孩子理财的习惯;(10)培养孩子谦虚的性格,好性格有好命运。

培养孩子的情商父母要做到:(1)告诉孩子不要贬低自己;(2)帮助孩子扔掉自卑的包袱;(3)阻止孩子的虚荣心;(4)要孩子正确地对待误会;(5)帮助孩子克服嫉妒心理;(6)帮助孩子树立乐观的心态;(7)培养孩子有主见的性格;(8)

让孩子的心灵有真善美；（9）教育孩子把勤劳当作成功的资本；（10）教育孩子要学会感恩。

培养孩子的情商父母应采取的策略：（1）在生活中点滴培养孩子的耐性，不急躁；（2）父亲要陪伴孩子；（3）父母要和孩子共同分享内心的情感，注意个别差异；（4）让孩子有效地自己解决问题；（5）提升孩子对挫折的容忍力；（6）孩子取得成绩时要与孩子一起分享成功的快乐；（7）要让孩子表达自己的意见，有说话的机会。随着年龄的增长、感情的变化，不能一直把孩子当作小孩子。

教育孩子人生以何为贵

人以正为贵 体以健为贵 衣以洁为贵 食以素为贵
心以静为贵 欲以寡为贵 学以用为贵 用以活为贵
住以雅为贵 行以步为贵 喜以度为贵 怒以忍为贵
家以睦为贵 教以理为贵 文以真为贵 画以神为贵
友以诚为贵 情以挚为贵 师以尊为贵 徒以导为贵
哀以节为贵 乐以趣为贵 思以敏为贵 话以少为贵
官以廉为贵 民以食为贵 富以仁为贵 穷以志为贵

教育孩子交际场合常用语

问老人年龄说：高寿；求给方便时说：借光；
请人指点时说：赐教；称对方来信说：惠书；
托人办事时说：拜托；请人帮忙时说：劳驾；
归还原物时说：奉还；宾客来到时说：光临；
向人祝贺时说：恭喜；赠送作品时说：斧正；
请人勿送时说：留步；求人原谅时说：包涵；

等候客人时说：恭候；与人分别时说：告辞；
请人批评时说：指教；中途先走时说：失陪；
麻烦别人时说：打扰；好久不见时说：久违；
请人解答时说：请问；看望别人时说：拜访；
初次见面时说：久仰。

教育孩子交友的称谓

一面之交　指交情不深，仅见见面、点点头的朋友。
君子之交　指从道义上互相支持而结交的朋友。
刎颈之交　指同生共死的朋友。
莫逆之交　指彼此情投意合的朋友。
贫贱之交　生活贫苦、社会地位极低而相交的朋友。
竹马之交　指自幼相交的朋友。
酒肉之交　指只在一起吃喝玩乐的朋友。
患难之交　指身处逆境时结交的知心朋友。
布衣之交　指普通老百姓相交的朋友。
市道之交　指重利而忘义之交。
人鬼之交　指互相利用，都想得到混来财的交往。
忘形之交　不拘身份、不分彼此的知心朋友。
忘年之交　指年岁相差很大，辈分不同而交情深的朋友。
八拜之交　指异性结为义兄弟或义姐妹。
社　　交　泛指社会人与人一般的交际往来。
至　　交　指友谊深厚的朋友。
世　　交　上代就有交情的人或人家。
神　　交　彼此慕名而没有见过面的友谊。

人生教育

教育孩子生命贵在启程

鲜花和掌声从来不会赐予那些守株待兔者,而只馈赠给那些风雨无阻的前行者;空谈和阔论从来不会让你的梦想成真,到头来只会留下"白了少年头,空悲切"的慨叹。

只有启程和前行才是到达成功彼岸的唯一途径。

只有启程,才不会浪费宝贵的光阴,让生命之树结满丰硕的果实。

只有启程,才会向理想的目标靠近,才会与机会和成功握手。

只有启程,才会创造崭新的自我,让执着的追求书写无悔的人生。

也许,你航行了一程,却始终没有到达彼岸;也许,你攀登了一次,却没有到达顶峰;也许,所有的耕耘都没有收获;也许,所有的汗水都白白地挥洒……但是,敢为天下先的,未必不是勇士;敢于面对失败的,未必不是英雄。人生其实就是一个过程,不必太在乎奋斗的结果,奋斗了,就应问心无愧;生活其实就是一次播种,播种了不一定都有结果,但不播种却永远不会结果。有一位名人说得好:"只顾播种,不问收获!"这位名人就是曾国藩。

"不怕慢,就怕站"。只要你迈步,路就会在脚下延伸;只要你上路,就会发现诱人的风景;只要你启程,就会体会跋涉的快乐。其实,人生的路就是经验和教训铺成的,谁都一样。向前看,还是忙着赶路要紧。

上路,尽可以创造你五彩的年华!

启程,尽可以奏响你生命的乐章!

有志敢补天上窟,无聊才做洞中仙;平生不享创业乐,空来世上走一圈。

下篇
教育漫话

学习高山顶上的不老松，能抗严寒，战高温，不惧风，不惧冰。新华字典里第一个字是"阿"，人一生下来的第一个哭声是"哇"，这两个第一都表示惊讶，说明人来到这个世界就是要受苦受难的呀。我们要学习松树的种子，松树的风格。你看：一粒松树的种子，飘落到了高山顶上的石缝中，可谓环境恶劣，连土都没有。但是，它战胜了狂风、冰雹、雨露、炎日，克服了种种困难，顽强地生存了下来，成为千年不老松。（松树属于裸子植物，种子像麸子片一样夹在松球之中）。

这粒不老松的种子，可比不上飘落在半山坡上的松树的种子，难道这粒不老松种子就不活了吗？你不活了别的松树照样生长。人的一生也是如此，要适应环境，不能攀比。只有启程，只有奋斗，才有出路，才能幸福地生活。切记你是地球上唯一的你。

你只能靠自己的奋斗，才能拼出辉煌的一生。

请记住：我要启程，我必须要启程，我一定要启程！

教育孩子心情愉快每一天

情绪是自己心境的晴雨表，心情愉快是健康的必然基础，无论你是什么人，人的一生，一是为了工作、学习，二是为了生活。工作好学习好，生活就好。每个人都要有充满阳光的心态，那就是心情愉快每一天。

明白一个道理：开心第一，一个人物质生活是基础，精神生活格外重要。

记住两个重要：一是看法重要。就世界上所有问题而言，对问题的看法远远比问题本身重要。一件事情摆在你面前，应该怎么看呢？正确的方法是这样两句话：对发生的所有事情都要积极地去看，对遇到的一切问题都要乐观地去看。二是选择

重要。世上万事都是个人选择的结果,一个人选择的正确与否,决定一个人一生的命运,所以,在面对选择时一定要慎之又慎,多和老人商量,认真思考、比较,然后再下决心。

会说三句话:一是说"算了"。对一个无法改变的既成事实的最好办法,就是接受这个事实。二是说"不要紧"。对于身边所发生的任何事情,心情都要宽松,处理都要恰当。三是说"会过去的"。你一定要相信,上天永远不会是阴天。晴天和光明就在眼前,困难是暂时的,好日子在向你呼喊。暗淡过去,便是辉煌。

坚持四项原则:(1)过好每一天的原则;(2)地球上的你是唯一的你的原则,记住不攀比,嫉妒是自杀;(3)不计较小事的原则;(4)立即停止损失的原则,每生一次气,就是一次损失。

善于做五件事:(1)多计算幸福和多计算自己做对的事;(2)多交朋友、多交流、多活动;(3)多学习,没有满足感;(4)多关心和帮助别人,在关心和帮助别人的同时,你也得到别人的关心和帮助,你自己也乐在其中了;(5)多照镜子,勉励自己,要有一个充满阳光的心态对待学习、工作和自己从事的事业,热爱自己从事的事业。

保持六种娱乐:娱乐是心情愉快和聪明的重要项目。钱多不如命长,拼命地挣钱,但不要忘记了娱乐,比如唱歌、跳舞、下棋、交友、打牌、书画,这六种娱乐方式会让你忘却烦恼之事,永远保持舒畅的心怀,不要死水一潭。

教育孩子应当做好五件事

来世一遭,我们要做的事很多很多,不可能把想做的事都一一做到,把所有的想法都变成现实。做事不求其多,五件足矣。

其一，学一门技术。可以使我们的人生脚踏实地。进可以修为艺术，退可以养家糊口。

其二，读透一本书。读书可以破万卷，但万卷诗书不可能每一本书都精读，而且真正值得精读的并不是很多。能够震慑你的心灵的好书，一本足矣。

其三，建立一个和睦的家庭。人活一辈子，熬个家庭幸福，便一生幸福。古时候读书人讲"修身、齐家、治国、平天下"。对多数人来说，治国、平天下似乎远了一些，而建立一个和睦的家庭却力所能及，现实得多。一个人即使领军百万，在去世的那一天，还是妻子、儿女在自己面前，为你处理后事。

其四，心存一份美好的情感。只要我们的心灵是晴朗的，世界便永远充满阳光。而使心灵晴朗的办法只有一个，那就是拥有一颗爱心，心存一份美好的情感。

其五，做一个好人。"勿以善小而不为，勿以恶小而为之"。这个世界也许不一定需要很多英雄、很多天才，但却需要很多很多的好人。

只要以平常心，做好这五件平常事，你的人生便会焕发出不同寻常的光彩。这样的人生不是很圆满、壮丽、幸福吗？

五件事告诉人们一个真谛：人都是在未知的世界里消磨时间，而脚踏实地地做好已知的这五件事也就心满意足了。

教育孩子应如何取得成功

人生要诀：世途风雨中，一生经风雨，风雨非风雨，风雨是风雨，风雨即风雨，只有随风雨，才能识风雨，风雨识不透，不能经风雨。若能识风雨，成功属于你。

走过夜路的人，最知太阳的光明；经过社会磨炼的人，最懂人生的艰辛。

人们脸上的皱纹，是部年华日记，既有笑意和泪痕，也有光彩和污点。人是很累的，永远处于不满足的追求之中。人人都想富贵，欲望的太多，拥有的太少。

人们头上的银发，是人生的总结，既有经验教训的色泽，也有功过荣辱的记载。世上没有那么多"公平"，你要头脑清醒：平生虽有冲天志，无运配合也孤单。

愿人们对着生活的镜子照一照自己，回忆青春的日子，思考人生的总结，千万不可在皱纹和银发面前感叹悲伤，这可是揭示人生的不灭哲理。

人生如此短暂，人与人之间不应该有太多的摩擦，把生命消耗在无谓的纷争之中。还是宽容比苛刻好，合作比扯皮好，创造比破坏好，解冤比结仇好。

人生有四气：志气——勤奋刻苦的"充电站"；勇气——披荆斩棘的"开山斧"；正气——令人敬畏的"向心力"；才气——成就大厦的"脚手架"。

人生应有四吃：吃得粗——陶冶精神，锻炼体魄；吃得苦——锲而不舍，事业有成；吃得亏——谦逊礼让，人际祥和；吃得消——量力而行，化凶为吉。

人生有四个阶段：少年应注重学习，不贪玩；青年应注重立志，不贪色；壮年应注重务实，不贪乐；老年应注重晚节，不贪财。

凡生性伟大的人一生都在学习、向上攀登。不抱怨，量力而行。奋发图强是一个人成功的法宝。

人生是一场搏斗，每个人都要接受命运的挑战。当你置身于逆境中，更要自强不息，顽强拼搏，因为许多人一生之伟大，都是从艰难困苦中磨炼出来的。正因为有此精神，你才与众不同，活着不仅仅是为了延续生命。

人生有三境：顺境、逆境和平常之境。顺境是迎风快帆，是春风得意,是乘缆车看风景;逆境像在山路攀登,是汗水和泪水一起往肚里流的跋涉;平常之境则是在从从容容、平平淡淡中默默地度过生命。

人类活动三要素:立志、工作、成功。立志是事业的大门,工作是登堂入室的旅程,旅程的尽头是成功。

成功是一种态度:要赢!成功是一种方法:要学!

成功是一种行动:要做!成功就在今天,冠军就是你!

成功的三个必要条件:一是生命中遇到了贵人;二是见世面,读好书;三是正确地选择好了未来。

排除成功的雷区:成功道路上的地雷有:(1)人们总是把自己拴在一个木桩上,又时时希望它生出一片绿荫来;(2)没人领悟过昨天的风光,只因无奈的生命在彷徨;(3)也许是生不逢时,或许是尝过艰辛,尝过失败,有过烦恼,有过叹气,有过怨天尤人,自叹过英雄无用武之地,但又满腹惆怅。

朋友,不要悲观,旧梦不需记,人生道路正长,应志存高远,不到黄河心不甘,不上长城非好汉。其实人最富有创造力的时间一般是在35岁左右,而大展才华一般在50岁左右。人生苦短,转眼百年,抓住机遇,成就事业。姜太公钓鱼八十而遇周文王举为天下之师,言发达之晚矣。

孩子想成功,就必须懂得人生。能撩起对方的急切欲望,做到这点的人,就可以掌握世界。如果你想让孩子成就一番事业,那么人生的艺术将是他进取的法宝,是他成功路上闪亮的明灯。

下面的内容多适合于刚进入社会的大孩子和大学生。

为人处世的基本原则

1. 对人要同情、容忍、仁慈,而不要批评、指责、抱怨。对于无关紧要的事情要勇于屈服,不要去争个输赢,伤了和气。

一个生性伟大的人，都愿意握手说他错了。

2. 真诚地赞扬和欣赏对方。天底下只有一种方式可以使人心甘情愿地为你做事，那就是赞扬、欣赏和鼓励。你到过一个地方之后，一定要留下个好名声。

3. 请别人帮忙能赢得友谊和合作，但自愿是前提。

4. 能引起对方内心的迫切渴望，找到利益驱动的支点。在这个世界上，任何人都会向着利益的方向倾斜。像《三国演义》中的张辽劝降关羽那样，多么贴切、有趣。武圣人关羽都向着自己利益的方向倾斜，何况其他人呢？

5. 应酬四诀：具有诚恳的态度；要主动控制场面；说话要力求婉转；避免太多的解释。应酬不是愚弄，更不是欺骗，而是生活中一种重要的、高尚的交际艺术。

6. 维持人际关系五法：避免轻诺寡信，适时地保持沉默，宽以待人，必须密切地接触，注意礼貌。

7. 人际交往中性格十要求：心胸豁达，克己礼让，温和亲切，谦虚热情，耿直正派，坦荡真诚，委婉含蓄，与人为善，宽容待人，雍容雅量。

交友格言

一滴雨点落到你身上叫幸运，一片雨点落到你身上叫倒霉。

兄弟可能不是朋友，但朋友有时胜过兄弟。

恩仇必报，这是人都具有的天性。

一个人心灵的好坏，行动中便表现出来，就像蚊子用嘴吸的是血、蜜蜂用嘴酿的是蜜一样明白。

一步一步，是做生意的诀窍，却不是交朋友的诀窍；做生意时没有友谊，交朋友时也不应做生意。

向上级谦恭是本领，向平辈谦虚是和善，向下级谦逊是高贵，向所有的人谦让是安全。

茫茫宇宙如此大,人之相逢是缘分。

人之相知贵在知心,人之相敬贵在敬德,人之相悉贵在悉品,人之相尊贵在尊义。

山上有直树,世间无直人。

朋友相识满天下,知心朋友能几人。

人情似纸张张薄,只为权钱不均衡。不求人时般般高,求人之时矮几分。一心为人唱高调,只求迷糊别人听。

要树立信心做事

1. 克服优柔寡断的倾向。遇事要有主见,当机立断。有两句话说"行动犹豫没有好结果,做事优柔寡断没有好成绩"。"大行不顾细慎,大礼不辞小让"。

2. 做事之前要坚信成功。想到困难但要想法克服。如果失败,那是因为你之前没有想到成功的一线希望或你没有付出艰苦的努力。只要有1%的希望,你就要付出99%的努力。要想成功,就要有正确的世界观和方法论。

3. 心态和努力一定要一致。要想尽一切办法,克服一切困难,抓紧一切时间,采取一切措施,抓而不紧等于没抓。许多人做事没有成功,就是由于他们做的是一套,想的是另一套,由于他们的心态和他们的努力不一致、方法不正确,结果使他们的大部分努力都白白地浪费掉了,遭到了损失,唉声叹气,失去信心。

要富有创新精神做事

在竞争激烈的信息社会,只有富于创新精神和富于想象力

的人才能领先一步。

1. 只有创新才能生存。喜新厌旧是人的本性。在今天这个时代，要在人海中出人头地，更需要金点子——创新。有一位企业家说"只按一般的想法去经营恐怕不行"。这就是说不创新是不行的。我想到一个故事：有一个酒店，前面、左右都是拥挤的各种商铺，后面靠一座荒山，生意萧条，几乎没人光顾，面临倒闭。老板免费招待了我，我献上一计说，你只要准备一些铁锹、树苗，让顾客免费上山植树归他，五年后必大发。果然，来的人都愿意上山玩并植果树一棵，有的还写上自己的名字挂在树上。五年后荒山变成绿林，老板受到国家表彰，顾客绵绵不断地来摘果、住宿、就餐。

2. 及时更新你的思想，你就能收获新生。有人总是把自己拴在一个木桩上，又时时希望它生出一片绿荫来，这怎能行？驱散心头阴云，让光线照进头脑，瞄准机遇，寻求新路。

3. 知错就改不嫌迟。试问世上千千万万的人中，有几个人敢担保他的主张或行为是毫无差错的呢？有几个人敢说他从来没有说错过一句或做错过一件事呢？

所以，当你预备要坚持什么事情时，最好先仔细想想你的坚持是否确无瑕疵，还是在"保全"自己的面子？如果你经过仔细思量后，发现自己确有后者的动机夹杂在内，那么请你赶快把你的坚持撤销，因为"保全"面子的自尊心，最容易让人丧失理智，你的坚持只能给人一种尽情攻击的机会，而自己却成了一个毫无反抗能力的木偶。知错就改永不嫌迟。

4. 随时随地反省自己。对自己做错的事，知道悔悟和责备，这是敦品励行的原动力。不反省不会知道自己的缺点和过失，不悔悟就无从改进。

为什么要经常反省？因为人不是完美的，总有个性上的缺陷、智慧上的不足，而年轻人更缺乏社会历练，往往会说错话、做错事、得罪人。反省的目的在于建立一种监督自我的畅通的内在反馈机制，通过这种机制，可以及时知晓自己的不足，及时匡正不当的人生态度。良好的反省机制是自我心灵中的一种"清洁系统"或"自动纠偏系统"。反省是砥砺自我人品的最好磨石，它能使你的想象力更敏锐，它能使你真正认识自我。孟子曰："吾日三省吾身。"时时提醒自己，检视自己的言行，也不是太难的事。一个人有了不当的意念或做了见不得人的事，可能瞒过别人，但绝对骗不了自己。一个常常自我反省的人，不仅能增强自我的理智感，而且必定知道什么是自己该做的，什么是自己不该做的。

反省的方式可以灵活多样，至于反省的方法，有人写日记，有人则静坐冥思，有人与朋友交谈，有人仰天深思，等等，总归一条，只要在脑海里检视一下过去做的事即可。

要用积极的态度做事

人生最重要的，就是要学会用积极的态度去直面人生。一件事只要积极地去做，一般就会获得成功。如果态度不积极，就算侥幸成功了，也绝不会有下一次。积极的态度，可以从下面几个方面努力。

1. 生活要乐观。一个人要内心平衡，世界没有太多的公平，最好是既要知足，又要不知足。知足可以常乐，不知足可以进步，二者都不可偏废。正如名人所说，"天地有万古，此身不再得，人生只百年，此日最易过。幸生其间者，不可不知有生之乐，亦不可不怀虚生之忧。"一方面要享受生命的乐趣，体会大自然的美好；另一方面，也要珍惜自己有限的时间，争取建功立业，做出一番成绩。请记住，乐观的人，在每一次忧患中，能看到一个机会；悲观的人，则在每个机会中，能看到某种忧患。

2. 忍耐让梦想成真。卧薪尝胆的故事,鼓励人们刻苦发奋、忍耻吞辱、战胜困难、争取胜利。一个人不可以不知耻,不知道耻辱的耻辱,才是真正的耻辱。有人知耻而后勇,他知耻、忍耻、雪耻。知耻后,一时无法雪耻,只好暂时隐忍,一旦机会成熟,立即将耻辱洗雪干净,勾践就是其中的典型。

3. 失败是变相的胜利。我们都可以化失败为胜利,从挫折中汲取教训,好好利用,就可以对失败泰然处之。千万不要把失败的责任推给你的命运,要仔细研究失败的原因,继续学习。这有可能是你的修养或火候还不够好的缘故。有不少人碌碌无为,他们对自己一直平庸的解释为"命运不好""好运未到",安慰自己,欺骗自己。这些人仍然像小孩那样幼稚和不成熟。他们只想得到别人的同情和理解,简直糊涂。立即停止诅咒命运吧,因为,诅咒命运的人,永远得不到他想要的任何东西。

在普通情形下,"失败"一词是消极的,但要赋予"失败"新的意义,因为这两个字经常被人误用,给很多人带来许多不必要的悲哀与困扰。失败是成功之母,没有失败就难以成功。失败是人生必修的课程。

失败是大自然的计划,大自然用"失败"来考验人类,使他们能够获得充分的准备,以便进行他们的工作;"失败"是大自然对人类的严格考验,借以烧掉人们心中的残渣,使人类这块"金属"变得纯净。

4. 勤奋成就天才。坐等什么事情发生,就好像等着月光变成金子,天上掉下肉饼。希望遇到"外星人"给他技术,给他智慧,那是不可能的。千万个成功途径中唯一可靠的是勤奋。人们渴求的不应该是天赋,而是坚强的意志。换句话说,人们不应该一心只想着得到成功的助力,而要时刻保持勤奋的毅力。

5. 生命的意义在于追求。生命的价值不在于长度,而在于厚度。人活着就要活出志气,活出一种精神。只有伟大,才能流芳百世。每个人都有自己的活法,这活法就是你的境界。这个世界,没有一个人可以事事如意,但只要唤起心中的灵性,就能处处追求高品位的欢乐,活一天,就要尽一天的本分,以心对境,无怨无悔。

生命归根结底是美德,生命之流是湍急的,让人们在这人世中互相点燃,共同去寻找黑暗中的瑰宝吧。

6. 热爱你生活的世界。每个人都要保持一颗感恩的心,要感谢父母赐予生命,要感谢大自然的厚爱,要感谢政府的惠民政策,要感谢别人对你的帮助。独一无二的你是个奇迹,你生活的世界也是一个奇迹,不必来到山巅才能激起你的感激之情,你只要想想自己活在这个地球上的事实,你的灵魂一定会轻叹一声"谢谢"。

感激之情不要保留、不要抗拒,你觉得该感谢的,就都感谢,只是一句话而已。如果你看了这本书,将来有所收获,也会说声谢谢作者。

时时心存感激,你的生命便是一篇感人的诗词。当你打开冰箱,看到滋养你的美味食物,叹声谢谢科技;当你看到熟睡的孩子,说声谢谢父母;当你呼吸一口新鲜空气,喊声感谢大地……

7. 要有一种永不放弃的精神。把握时机做事,有时遇到挫折,你要有一种不屈不挠的精神,正是这种精神激励着你勇往直前,永不言败,最终获得成功。

有时候,人之所以能达到某种目的,是因为在他心中充满了使命感、荣誉感、责任感、良心感,使他战胜挫折,走向成功。这要有坚定的自信和明确的目标,以及坚强的意志,经受得住各种环境变化的考验,这种意志看不见、摸不着,必须深深地埋在心底。

妙语:请记住,乐观的人,在每一次忧患中,能看到一个

机会；悲观的人，则在每个机会中，能看到某种忧患。

要用理智的态度做事

当一个人面对生活一筹莫展时，只有理智而正确地去处理日常生活中所出现的问题，才有可能走出生活的阴影，体会成功的人生。理智的态度有下面几种情形。

1. 放弃也是一种智慧。有些事情，你虽然做出了很大的努力，但你却发现自己处于一个进退两难的境地，你所走的路也许是个死胡同，这时候，最明智的办法就是抽身而退，去寻找另外一条路。

在人生的每一个关键时刻，正确地选择好角度，看准、选好方向，适时调整，放弃无谓的固执，将指引你走在成功的坦途上。有的人失败，不是没有本事，而是定错了目标，一味地坚持。这种不切实际的坚持是过于固执。

如果没有成功的希望，屡屡实验是愚蠢的、毫无益处的。赶快放弃是智慧的选择。

2. 恼怒是片刻的疯狂。发怒最容易丧失理智，发怒是在拿别人的错误惩罚自己。聪明人泄怒的方法是，当危险的怒火上升时，立刻想到是自己错了，把怒火消弥于无形之中、萌芽之中。

3. 把自己的痛苦说出来。我想起一个故事：有一位医生，半夜接到一个陌生妇人的电话，不叫他挂断，说他能听完这个电话，就少死一个人。妇人说的都是家里鸡毛蒜皮的事。丈夫如何打她、打孩子，如何压制她，如何吃喝嫖赌，不管家里的事，不做家里的活，不好生过日子，饭是她做的，地是她扫的，孩子是她带的，盐是她买的，衣服是她洗的，找局长是她去的……最后说，我一肚子苦水今天终于说出来了，谢谢你医生，是你挽救了我的生命。

此例说明,幸福感强的人,斗争性弱;幸福感弱的人,要斗争,要把自己的想法讲给别人听。

妙语:一个人如果不把痛苦表达出来,就会成为过去的奴隶。

4. 与人共事要学会吃亏。俗话说,祸福相依。得到的不一定是好事,失去的也不见得是坏事。正确地看待得失,才能真正有所得到。失去固然可惜,但要看失去的是什么,如果是自身的缺点、问题,这样的"失"惋惜什么?古人云:"小亏不吃,吃大亏。小苦不吃,吃大苦。"

妙语:有的人失败,不是没有本事,而是定错了目标,一味地坚持。这种不切实际的坚持是过于固执。执着是一种优秀的性格,但固执只能在错误的道路上越走越远。

要用乐观的态度做事

在这个世界上,唯有一种心情,能让人们感觉到一切都是美好的,那就是保持乐观的态度。每当人们身陷困境,失去信心时,乐观就像一首激昂优美的进行曲,时时鼓舞着人们对事业不懈进取,使人们拥有阳光一样温暖的人生。可从以下几个方面保持乐观。

1. 一定要战胜生活。生活中每个人都不可能万事如意,有时总会面临许多两难的局面。大多数的时候,人们都感叹自己分身无术,必须忍痛牺牲其中一方。于是你忍不住问自己,已经做得足够好了,为什么还是不能享受人生?我够聪明了,为什么这么不顺利?说清楚一点,人人都有问题。有的人一到星期一浑身就不对劲,认为上班是在出卖自己的快乐,工作只是为了糊口,根本谈不上快乐。于是想入非非,既有钱花,又不用受气,这样的日子谁不向往呢?

成功人士一般不会烦恼，他们脚踏实地，越干越欢，一心工作，热爱生活，放眼未来，从零做起，打好基础，一步一个脚印地向前走着，最终达到光辉的彼岸。

妙语：不能战胜生活，生活就将你压碎。

2. 做一个快乐的人。快乐的美德是我们共同的资产，你如果把它埋藏，那就不会幸福。要想生活快乐，你必须学习"施与爱"，这是维持文明生活所必需的血液。你必须知道，协助他人时，其实就是协助你自己。你会觉得与他人有一种亲密的感觉，这就是助人为乐的滋味。大多数人对你的帮助都会心存感激，滴水之恩，涌泉相报。如果一个人只接受他人的恩惠，不思报答，必然永远不会快乐。

妙语：快乐不能靠外来的物质和虚荣，而是靠自己内心的高贵和正直。

3. 梦想是事业的先导。人要有梦想，梦想对每个人都是一种激励，人的一生会有很多的梦想，但不是每个梦想都能得以实现，这就涉及你对梦想的选择，假如选择不当，梦想可能是空想、幻想，而不可能成为理想。选择梦想必须解决两个问题，一是这个梦想是你想要的吗？梦想一定要合乎实际，不能海阔天空，凭自己的直觉，丰富自己的梦想。自己最渴望什么，自己心里清楚，不要在意别人的看法。二是梦想要与你的天赋相配合。有梦想很好，但要有真本事去实现它。当然，不要害怕自己的能力有限，勇于学习，挑战不可能，不灰心，相信天生我材必有用。不要让别人说你没志气，通过后天的不懈努力，弥补先天的不足。让你的梦和中国梦一起飞腾。

格言：若想赢，别叫停；若有梦，别叫困。

4. 化抱怨为上进的力量。当你认识到自己有积极心态的那一天，也就是你将遇到好事的那一天。这个世界上最重要的人就是你，你的这种思想、精神、心理是你的法宝，也是你的力量。

下篇
教育漫话

积极的心态,有"正性"的特点,例如仁爱、正直、希望、乐观、勇敢、慷慨、容忍、机智、亲切和通情达理。有积极心态的人,总是不断奋斗,以达到自己较高的目标。

消极的心态与积极的心态相反,消极是人类致命的弱点,如果不克服,你将失去希望,悲伤、寂寞、烦躁、痛苦、抱怨,会让你的世界"下大雪",你的人生永远平庸。

警示:化抱怨为上进,将使你成为勇敢者、成功者。

5. 别为你的明天担心。请记住一点,世上没有任何事情是值得你忧虑的,绝对没有。你可以让自己的一生在对未来的忧虑中度过,然而无论你多么忧虑,甚至忧虑而死,也没有任何办法改变自己的现实。还有一点,我们不能将计划与忧虑混为一谈,虽然二者都是对未来的一种考虑,但有质的区别。计划有助于现在的活动,是对未来的想法和行动的计划,有可行性,而忧虑只是因今后的事情而产生惰性。忧虑是人的通病,几乎每个人都要花时间去为未来而担忧。

忧虑既然是消极而无益的,那我们必须消除这一误区。说穿了,你所忧虑的事往往都是自己无能为力的事情,忧虑有什么用?另外,你忧虑的事情往往结果不是你想象的那么可怕和严重,你想想办法,改变环境,忧虑或许能被消除。

警示:请记住一点,世上没有任何事情是值得你忧虑的。你忧虑的结果也不是你想象的那么可怕。

6. 常常使自己感到快乐。快乐与心灵和肉体是不可分的。快乐时,人们能想得更好,做得更佳,感觉更舒服,身体更健康。快乐时,也可以使他人受到你的感染而变得愉快。保持好奇心,就能感到快乐,没有好奇心就不快乐。

如果一个人感到自己可怜,不快乐,很可能会一直感到自己可怜。对于日常生活中使人不快乐的那些琐事与环境,可以用思考去解决,这就是:用大部分时间想着愉悦的事情,尽量

地去想。对于烦恼、挫折，人们已习惯性地表现出暴躁、不满、懊悔与不安，这样的反应已经"练习"了很久，现在要尽量克制。认为自己什么事都知道就不快乐了。

学习快乐的习惯，你可以成为情绪的主人而不是奴隶。当提到"习惯"，有人会把"习惯"和"癖好"扯到一块。其实癖好是使人有压迫感的一种习惯。

习惯是人们培养的一种不需"思考"与"决断"的自动反应，习惯是人们自身创造出来的。良好习惯的形成，需要快乐、毅力，需要长时间的修炼。形成好习惯，能收获成功。习惯不是因为知识而改变，需要克制和决心。

妙语：如果一个人感到自己可怜，不快乐，很可能会一直感到自己可怜。

7. 让你的生活充满情趣。生活情趣是一种"技术"而不是"艺术"。面对残酷的现实生活，你有点疲惫，现在教你用另外一把钥匙打开你的快乐之门，拿走你的忧虑，参考以下四个步骤来消除忧虑：（1）你担忧的是什么？（2）你能怎么样？（3）你决定怎么做？（4）你什么时候开始？如果每天有一个计划，就可以为每天的快乐而奋斗。乐观的人，脸上永远有抹不掉的微笑。

妙语：懂得乐观生活的人，他的生活一定富有情趣。

处事要有风度

处事要有风度，"气度"决定一个人处事的胸襟。一个成熟的人在通往成功的道路上，会遇到各种各样的难题，需要以宽大的气度去处理，只有对同事宽容、对朋友忠诚、对事业坚忍、对名利平和、对工作务实，才能够真正做到百事不乱、遇事不慌。

1. 养成宽广的心胸。心理学家认为，人所受到的外界感受影响一个人对外界的态度。受到尊重、褒奖的人，会有爱的眼光；受到歧视、贬责的人，会觉得周围的一切人都讨厌；受到严重打击的人，则心灵变得狭隘、闭塞。这种自感心理使人如临大敌，如处四面楚歌的境地。这种心理的危险就是用报复来解决心灵的不平衡，在无力或无法向对手报复时，就会用替代的"猎物"宣泄不满。

人人都会受到别人的冷漠、误解，但自信、宽厚的人较少怀恨在心，因为他清楚地知道自己的优点和缺点，你可以对他不满，但你的不满影响不到他。要克服怨恨，就得多与人交往，把内心的狐疑、不满向朋友倾诉，听听朋友的意见，使你的情绪得到缓解。

警示：千万不能让怨恨在心头生根滋长，最后演变为伤害行为，这对自己和他人都没有好处。

2. 克服狭隘的痛苦。经常有人说某某人难以相处，这一类人主要是做人太偏激，容不得别人半点缺点。这种人到哪儿都没有好人缘。由此可见，与人相处不可太偏激。有的人天性偏激，忽左忽右，搞片面极端，这要通过后天的"修炼"去克服。克服痛苦的方法是忘掉仇恨、忘掉过去。用排除法克服失意的痛苦，用寄托法克服失恋的痛苦，用平常心克服攀比的痛苦，用谦虚法克服吹牛皮受打击的痛苦……

歌曰：人生不可做绝事，留条尾巴打苍蝇。

3. 自命清高是大毛病。自命清高的人不合群，难与人相处，目空一切，一切从我出发，认为自己说话、做事都是对的。这样的人，大多出于心理原因，其动力就是虚荣心和护短。《三国演义》中的马谡自命清高、志大才疏，最终失了街亭，祸及自身。

警示：自命清高、志大才疏的人，最终祸及自身。

4. 对仇恨糊涂、对人宽容得回报。嫉妒是觉得别人比自己

强不服气导致的。失败者不宽容,而成功者总是体谅别人的困难,待人接物考虑对方的感情。是明白,你怎样对待别人,别人也怎样对待你。

人生就像土地,既能种植宽容,也能种植仇恨。仇恨潜伏在心里是对人的侮辱,破坏了生活中的许多好事。仇恨就像毒素一样,毒害人的细胞、血液,影响、侵蚀着人的生命。

妙语:待人接物要考虑对方的感情,你怎样对待别人,别人也怎样对待你。

说到就要做到

一个人许下诺言就一定要实现,即使要付出巨大的代价,也要努力去争取。倘若遇到非人力所能避免的情况,一定要及时向对方说明,请求谅解。切忌把承诺当儿戏,这是对别人的不负责任,失去对你的信任是小事,误了别人的事是大事,正所谓"承人是小,误人事大"。

1. 一旦许诺就要兑现。学习汉朝大将军季布的"一诺千金"。

有些人口头说"没问题,包在我身上",嘴上承诺,脑中遗忘,或虽未遗忘,但不尽力、怕吃亏或办到了就吹嘘,甚至要酒喝,要劳务费。轻易许诺,说明你根本没考虑可能遇到的困难,困难一来,你只会干瞪眼,从而给人留下了"不守信、说话不算数"的坏印象。所以"轻诺"是"寡信"。古语曰:"许人一物,千金不移。"

歌曰:世上万物情难辨,话到嘴边留三分。

2. 言而有信,诚实认错有艺术。古语曰:"君子一言,驷马难追。"有人宁可失去宝物,也不失去信义,大义所在,只求得生活坦然。嘴是人身上最宝贵的器官,千万不要信口开河。有时候可能是说者无心,听者有意,听者把你的话当成真事,当让他失望的时候，就会对你一万个不信任。

要学会艺术地道歉。（1）错了要立即道歉，事后道歉，对方会怀疑你的真诚度；（2）认错要堂堂正正，不必奴颜婢膝，认错本身就是诚恳、坦率；（3）道歉越早越好，晚了难以启齿；（4）既然认错，就无须掩饰，承担责任，取得谅解，避而不谈，适得其反；（5）给对方时间可以接受你的道歉，有时道歉没用，只能让对方发火，所以要看准时机。"道歉"和"认错"的态度稍有区别，你要把握分寸，才能弥补已造成的过失。

体会五味的人生

第一味，享受独处的时刻。如果你和自己都不能好好相处，你还能期望别人什么？要想成为真正意义上的人，你有必要忍受孤独，因为人一生中很多时间都是一个人度过的。

第二味，不要活在阴影里。聪明人决不会因为失败而坐在那里悲伤，办一件事去弥补创伤。任何一个人做事都不可能一帆风顺，都会走弯路，在一次又一次跌倒之后才能为成功找到出路。成功者失败之后立即站起来，总结教训，再接再励。失败者，失败之后只会哭泣流泪，一蹶不振，活在失败的阴影里。一味地自责、懊悔，实际上于事无补。成功和失败只是一念之间，只有正确认识、加以改正，最后的胜利才能属于你。

第三味，不要抹掉自己的本色。真正地做你自己，必须克服模仿的行为。一个人抹掉自我本色就意味着去模仿别人，跟在别人的屁股后面跑，这样就误以为别人的特色是自己的，成不了大事，这是一大忌讳，抹掉自己的本色等于"慢性自杀"。

第四味，悔恨是一种不健康心理。人们常说"要提得起放得下"。古时候有一位老人看到一个小伙子拿了一碗油，不小心掉到地上，他头也不回，连一眼都没看就走了。老人惊叹道，

"此人必成大器"。这个人就是汉朝大将军季布。

内疚、悔恨与吸取教训是有很大区别的。内疚能激励人产生一种好的思想行为，为他人着想，体谅别人，这是每个人应有的品质。悔恨不仅仅是对往事关注，还有可能因为某件事产生惰性、心烦意乱、情绪消沉，甚至发誓今后不再做某事，一朝被蛇咬，十年怕井绳。吸取教训是一种健康有益的做法。悔恨是白白浪费自己目前的精力，这是绝不可能解决任何问题的。

妙语：学会将过去的错误、罪恶、过失通通忘记，往前看就能成功。

第五味，假糊涂结下真人缘儿。在处事问题上，并没有绝对的对与错。对与错的问题随时间、环境变化，同样一个事情，在这里是对的，可换个地方是错的。如"人生的路漫长"，"人生的路短暂"，这两句话到底哪一句话对呢？都对，话都有两面性，看你怎么理解，看你的世界观和方法论如何。那种是非特别分明，一毫一厘都分得很清楚的人往往没有好人缘，而那些傻乎乎、乐呵呵的人，人们都愿意和他交往。

一般而言，人们都喜欢"人缘儿"好的人，因为他们或者诚实可信，或者沉稳老练，或者待人和气，或者知识丰富，或者善于办事。

对名利要平和

与人无争，就能亲近人；与物无争，就能育抚万物；与名无争，名就自来；与利无争，利就聚集而来。得与失、福与祸是互相转化的。从表面上看，有时吃亏了，但下次可能得到更多，所以俗话说"吃一份亏，增一分福"。

1. 无争才能无祸。有人说："只有无争，才有无忧。"利人就会得到人，利物就会得到物，利天下就会得到天下。所以不争的争，才是上上的策略。

2. 占一份便宜招一份祸。每个人都有想占便宜的心理，这是通病，却往往是"偷鸡不成蚀把米"，有时候便宜没占到反而吃了大亏，招来了祸事。

3. 牢骚太盛防肠断。发牢骚主要是发泄"怨气"，讲自己的倒霉事。有时发发牢骚利于工作，干劲反而更大，但要适可而止。（1）不要发毫无意义的牢骚；（2）要找能为你解决问题的人发牢骚；（3）选择在对方心情好、愿意听的时候发牢骚；（4）发牢骚要保持冷静，控制情绪，激动的情绪往往成事不足，败事有余；（5）发一次牢骚只能一个主题，牢骚主题太多，不解决问题。

妙语：牢骚太多、太盛是一种消极因素，最终会给自己带来损害。

4. 守住一颗平常心。对一个人来说，守住一颗平常心谈何容易？人生最大的苦恼是欲望太多、拥有的太少。向往本不是坏事，但向往太多，而自己又不能达到，则会造成失望与不满，时间久了，就产生自卑、疑惧和戒备、紧张的心理。

做人的风度

懂得争取、努力，学会协调、妥协，懂得忍耐、灵活，随机应变，胜不骄，败不馁，这就是做人的风度。

1. 不讲礼貌举步维艰。值得注意的是，人每天都在讲礼貌，但要有质量。不诚恳、虚伪的做作礼节只能让人感到无聊、恶心、乏味，这样的礼节还不如没有的好。你客套，他对你也客套，无形中形成了不礼貌。

2. 切莫一错再错。人人都会犯错误，犯了错误并不可怕，

可怕的是不改正，一错再错。要从错误中吸取教训，将坏事变成好事。如果执迷不悟，那就会在错误的道路上越走越远。

3. 莫将仇恨写在脸上。将情绪表现在脸上，便会促使情绪强烈化，因此，在这方面要尽量不形于色。

4. 不妨以低姿态出现。如果你想把事做成，就得以低姿态出现在对方面前，表现得谦虚、平和、朴实、憨厚、毕恭毕敬，使对方感到自己受人尊重，比别人聪明、高贵。这是一种智慧。

5. 委婉地表示拒绝。当别人的要求你无法满足时：（1）要以非个人的原因为借口拒绝；（2）明确表示你更愿意满足对方的要求，但实际上你无能为力，不急于把"不"字说出来，从道义上同意对方的要求，但自己实在无能为力；（3）通过诱导对方达到拒绝的目的；（4）拒绝的同时说明还应该做些什么；（5）用和气的方式来表达你的意见。

交友的风度

朋友越多路越好走，如果把握不好分寸，也会制造麻烦。那种有事靠朋友、无事躲朋友、拿朋友当拐杖的人，贬低朋友、出卖朋友的人，是没有交友风度的人。

1. 走出朋友的误区。有事靠朋友、无事躲朋友、拿朋友当拐杖，不真正为朋友着想，滥用朋友的友情，是在贬低朋友。

2. 不要把别人当垫脚石。疯狂地追求金钱的人，往往在赤裸裸地绞杀友谊，把友谊当作商品交易。向你靠近，只是因为暂时有求于你，或者是认为你身上有利可图。

3. 掌握交友的艺术。（1）分亲疏；（2）分远近；（3）分个性；（4）分文武。

4. 要友好地与人交谈。言以传情，情以动人。在与人交谈时要学会揣摩对方的心理，以灵活的语言应对各种性格的人。

歌曰：一个朋友为知心，两个知心是祸根，交至三个鬼剃头，祸起萧墙是敌人。平淡从容常来往，绵绵不绝友谊存，有识之士宜广交，不可对友心换心。一切为人唱高调，只图迷糊别人听。

办事、用人都要有智慧

办大事要讲原则，办小事要讲风格。顺水而行，则其势悠悠，自然成功；逆水而行，则要见机行事，临危不乱。把握感情的力度、道义的力度、勇敢的力度、时机的力度、积累的力度，就能运筹帷幄，决胜千里之外。

1. 与人交往无小事。人是感情动物，别人有难时帮助他一下，是雪中送炭，虽是小节，被助之人会铭记在心的。

2. 糊涂巧对麻烦人。（1）格外地和颜悦色；（2）赞美不管用就不去理它；（3）立刻找事做；（4）坦言你的看法；（5）开个玩笑；（6）装个糊涂人。

3. 巧对麻烦尴尬事。（1）不要提旧事；（2）赶紧道歉；（3）自嘲一番；（4）保持镇定；（5）不要啰唆；（6）不必自责。

妙语：对于麻烦的人和事，切莫与他争是非，与他纠缠，你只要糊涂巧对，麻烦就不会找上门来了。

4. 要勇于承认错误。承认错误是好事，但愿意承认错误的人很少，有人只在无关痛痒的旧事上"无伤大雅"地认错。

许多人不愿意承认过错，认为认错丢脸、没有面子。事实上，能承认错误，会得到朋友谅解，给人以谦恭有礼、勇于负责的良好印象。

5. 愉快地接受忠告。良药苦口利于病，忠言逆耳利于行。我们每个人都不可能完美，虚心听取别人的忠告，是提高自身最好的办法。

在接受忠告后，要进行一番判定，然后决定是接受还是拒绝。

接受了忠告，却把事情搞砸了，也不要责怪他人。如果你把责任归到他人身上，以后恐怕没人再敢给你提意见和建议了。

用人方面，我们应该学习这样的用人七观：

一是"期之以事而观其信"：和他约定某件事情看他的信用。

二是"醉之以酒而观其性"：在开怀畅饮的场合，看他的自制能力和酒醉以后的行为。

三是"咨之以计谋而观其识"：请他出谋划策，看他审时度势地分析问题的能力。

四是"问之以是非而观其志"：向他提出矛盾的观点，看他的辨别能力。

五是"穷之以辞辩而观其变"：同他反复地辩论一个问题，看他的辩才和应变能力。

六是"告之以难而观其勇敢"：把面临的危险告诉他，看他的勇敢和牺牲精神。

七是"临之以利而观其廉"：让他有利可图，看他是否廉洁奉公。

做事要讲道义

做人有道，做事也有道。"道"是一种方法，是原则。"道义"是时代的潮流，是一个人的立身之本，是做事成功的关键。

1. 真诚坦荡地做人。想做一个正人君子，不要幻想一夜就改变旧习惯，必须做出艰苦、长期的努力。

2. 真理比面子重要吗？要面子并非缺点，有时候也很必要。如果一个人连一点面子都不要，那倒是值得担心了。

在日常生活中，有这样的人，谁要提出异议，那就是捅了马蜂窝，他会和你争个脸红脖子粗，非要说自己对、别人错，做人不低调。

对于这种人来说,他们并非百分百地知道自己对,或者并非百分百地知道对方错误。但他绝不会从善如流、屈己从人,关键原因在于他们不肯"牺牲"自己的面子。

人一旦把面子看得比真理还重要,那就变得十分荒唐可笑了,是十分不理智的状态。

3. 从小事中寻找机会。"以小博大"是做事常用的手段,只有扎扎实实地从小事做起,才有希望有朝一日干出大事业,这样从事的事业才会有坚实的基础。如果一夜暴富,那么来得快,去得也快,钱赚得容易,失去得也容易。

在开始的时候,不要把目标定得太高、太远,应从小处着眼。如果定大了计划,到后来难以实行,不会有什么结果。万丈高楼平地起,不要认为小商小贩没出息,金钱需要一分一厘地积累,也不要认为为一分钱讨价还价丢人。年轻人都不愿意听"先做小事、赚小钱",他们雄心万丈,一心想赚大钱。事实上,大企业家都是从小伙计当起,大政治家都是从小职员当起,大将军都是从小战士当起,你见过有几个人一走上社会就"做大事、赚大钱"的?

先做小事、先赚小钱的最大好处是,可以低风险地投资、低风险地积累经验,可以培养自己踏实做事的态度和金钱观念,为日后做大事、赚大钱打好基础。

妙语:连小事都做不好,连小钱也不愿意赚或赚不来的人,别人是不会相信你能做大事、赚大钱的。

4. 应做好失败的准备。做事之前就要考虑失败了怎么办,做好准备,不要指望一次就成功,调整好"期望值",适时地采取变通措施,避免失败。事变我变,人变我变,不要把眼睛盯在一个点上不放,见事不妙,改道后撤,奋力拼搏。

歌曰:求成之心莫太急,顺其自然量力行。
世上万事且有变,变通属于聪明人。

要把握时机做事

办事时机的选择是成功的关键。选择好有利的时机，大事就有了一半的成功机会。当然，时机不是等来的、碰来的，它藏在事物发展的漫长忍耐之中，它躲在事物巨变的千钧一发之际，它是黎明到来前的一丝曙光，它是成功到来时的一声呐喊。千万记住，成功就在最后一刻的坚持之中。

1. 减少办事的干扰。在工作最紧张的时候，最让人讨厌的就是干扰。正在忙得不可开交时，一会儿电话响了，一会儿门铃响了，一会儿噪音来了。这时候可以关掉手机、切断电源。为了有效地排除干扰，可利用吃饭时间预先做好工作计划和安排，因为那个时候人们都去吃饭了，一般不会来干扰你。如果是上级找你，当然要理会了。

妙语：只要你掌握了排除各种干扰的方法，工作起来自然会精神抖擞、事半功倍。

2. 要变不利为有利。俗话说"尺有所短，寸有所长"。天底下的人都有短处，要发挥长处，避免短处，就是扬长避短，这大概是一条屡试不爽的黄金规律。

在一般人的字典里，"优点"的反义词是"缺点"，"长处"的反义词是"短处"。但在现实生活中并非如此绝对，我们可以自由地转换，什么"优点、缺点、长处、短处"都是主观性的词语。如果把它们当作"个性、特长"来看待，就像硬币的两个面一样并无多大区别，换个角度看问题，困惑不解的问题就会突然清晰了。

歌曰：主观努力靠自己，客观际遇靠机会，天生我材必有用，是块香木秀于林，水满则溢月满缺，人生哲理髓之精。

3. 办事要选择最有利的时机。有句古话说"识时务者为俊杰",可见选择最有利的时机,大事就成功了一半。需把握时要把握。

4. 要时刻注意火候。情景转移技术的价值在于,它避开易使你发火的情景,破坏了你继续发火的因素。当大家都将所有的不快遗忘,并将心情调整到适合交谈的时候,那正是达成双方合作意愿的最佳时机。俗话说"出门看天色,进门看脸色""到什么山上唱什么歌",这都是"火候"。

有人说,与暴怒者争论,好比水中抽刀、火上浇油。你绕过去装作没听见,等他把话说完,你请求对方再说一遍。但不能激对方,只能说刚才没听明白。

妙语:做任何事情都要把握火候,火候不到只能是事倍功半。

5. 坚持到最后再开价。任何事情都有一个最后的底线,任何事情都有一个最后的期限,如果你能坚持到最后,再松口、再开价,通常你会是胜利者。你必须了解最低的那个"红线",这个红线是任何人都不能跨越的。如果跨越这个"红线",你就不要开口了,就是开了口也没有人敢给你办。

6. 办事情要顺水推舟、水到渠成。你要办事,就要先做好准备,创造条件,开挖渠道。避免到时候缺这少那,错过机会,别人可没有那么多耐心等待。

妙语:办事正如船在水中行进,顺水而行则其势悠悠,自然成功,这是天成之法。

做事要积累经验

涓涓细流,汇成江河,千里之行,始于足下。做人办事,学识与经验的积累是重要的资本。

1. 不劳而获的人可耻。今天是新时代,是讲实力的时代,

人唯有靠自己的奋斗，克服艰辛，取得成绩，才能获得他人的信任和尊重，才算真正的成功。光靠关系占据高位，不劳而获，没人佩服，赶快领悟这个道理。

2. 从处女地开始积累。万事开头难，人们必须十分注意在职业的第一个"处女岗位"上获得积极有益的经验，正是这种最初的职业体会，使你走向成功，一生受用。

3. 没有目标就难以成功。科学家们做了个实验，从甲地到乙地，一样的路程，让一个人来走。第一次走了三个小时。第二次走之前，在路上放上路标，只走了两个半小时。当然他不知道是在实验，路上也都没有耽误。这个实验说明有路标的路可以少走半个小时。

人生也是如此，有方向、有目标的事业容易成功，一般来说，无论做什么事，目标是最重要的，没有目标，是"瞎子点灯白费蜡"。

一个人在设立事业目标的时候，如果目标太远，根本就没有条件在手，也是不行的。设立目标应该要有务实和理性、切实可行的方针。面对自己的灵魂，拷问一下自己究竟要干什么，达到什么样的标准。

妙语：有方向、有目标的事业容易成功。

4. 事业的资本是进取。要想成就一番事业，就需要资本，资本在哪？就在自己身上，努力、进取、负责就是资本。

一般来说，成功者在晚年所获得的果实都是在年轻时就播下了种子，年轻人必须趁现在打好基础。

无论在何地，都要时刻充实自己的生活与学识，不浪费休闲时间，凡是别人有关事业成功的方法都要学习，这样的年轻人，他的事业一定充满希望。

可悲的是，那些不学无术的人，到了中年，两手空空，打不起精神，失去了信心，只能眼看着别人幸福，羡慕别人的人生，空悲切，误了一生。

现在就下决心，求上进，求得真才实学，就不怕困难重重。虽然现在你没有钱，但上进、健康、学识就是你的财富、资本，是谁也无法抢走的。

5. 要找准自己的强项。有一句古老的谚语："当命运向你扔来一把刀的时候，你可能要抓住两个地方：刀口和刀柄。"抓错了地方，你就会受到伤害。

人的一生就像一把牌，牌有好坏，不可能人人都有好牌，也不可能人人都有洗牌的机会，你一生的机会就是打好手中的每一张牌。你的强项就在这把牌中，可能输，也可能赢，就看你把没有用的牌怎样巧妙地打出去。

妙语：你可能拿到差牌，但差牌不一定就会输。

6. 机会光顾有准备的人。人们都知道一句名言："成功的机会是为有准备的人而准备的。"也有人并不坐等机会来临的那一刻，而是抓紧所有的时间，让生命的力量发挥到极致，脚踏实地，创造机会，这才是高。

相反，也有人站在荒芜的土地上，遥望天空，数着星星，寻找着属于自己的那一颗，盼望着一觉醒来，星星落在自家门口，可以一步登天。

机会是平等的、公正的，它永远不会光顾生命中那些看客。对于那些孜孜不倦的跋涉者，它表现出极大的无私和慷慨；对于那些逍遥平庸的等待者，它表现出无比的自私与吝啬。不是你得不到重用，而是人们不知道有个你。

为自己偶尔得到一个机会而庆幸的人，是肤浅的过客，他不会得到绚丽多姿的百花齐放。

为自己没有得到机会抱怨的人，是凡夫俗子，永远站在别人高大的影子里。

妙语：只有终身都在为自己的目标而努力不止的人，才是生命中最高贵的精血，才是生活中最美丽的花朵。

第五部分　家庭幸福

人活一辈子，家庭幸福，便一生幸福。古时候读书人讲"修身、齐家、治国、平天下"。对多数人来说，治国、平天下似乎远了一些，而建立一个和睦的家庭却力所能及，现实得多。

本部分内容适合家长和已婚青年。阅读时，建议你一定要联系实际想一想，有助于你营造良好的家庭环境，更好地影响孩子。

家庭和睦使孩子有成长的机会

歌曰：
屋檐之下要和睦，和谐花开满园春；
营造家庭好环境，博学多才大器成。

家长诚实劳动、合法经营、勤劳致富，孩子长大了也会仿效；家庭和睦、邻里团结、讲卫生、文明生活、勤俭持家、尊老爱幼，能给孩子的未来奠定基础。父母是孩子的榜样，孩子是父母的镜子。父母的一言一行都反映在这面镜子里，深深地刻印在孩子脑海里。

和睦的家庭关系是家庭教育的关键。若孩子生活在家里亲眼见到父母你看我不顺眼、我看你不顺眼，纠纷不断，各人各心，日夜争吵语，孩子的心理一定会受到影响。

如果人际和畅、心情愉快，孩子得到父辈双倍的爱护，孩子的聪明才智就会充分地发挥出来。

随着大量的独生子女家庭出现，孩子的教育不仅仅是亲子教育，更是整个家族教育的重要部分，应当引起重视。

和睦家庭的标准是什么

（1）要注意对方的优点和长处，加以称赞；（2）要经常交流思想；（3）要一起共度业余时间；（4）遇到困难时，家庭成员能互相支持；（5）在家庭里，能充分表达自己的意见；（6）家人共同分担家务；（7）家人彼此亲近、和睦，有家的感觉，都有一个好心情；（8）家人互相尊重个人隐私；（9）家人互相尊重个人意见；（10）家庭充满幽默、快乐的气氛；（11）夫妻恩爱，注意爱情保鲜，不争讲谁做的家务多，谁做的家务少，不讨论谁挣的钱多，谁挣的钱少；（12）尊重老人；（13）让孩子有一个难忘的快乐童年。

夫妻关系十要

（1）当一方发火时，另一方要冷静，不说话，让对方明白家里少不了你；（2）小事都要互相忍让，夫妻要学会用改变自己的缺点去吸引对方；（3）以温柔的声调说出批评的话，夫妻要用自己的优点去吸引对方；（4）不要大声吼叫；（5）注意对方情绪说话；（6）发火时不要拍桌子、摔碗；（7）每天起码要向对方说一句肯定对方的话；（8）互有过错时，要把吵架中的最后一句话让给对方；（9）家庭中的经济收支要互相信任，不要心存秘密，干涉对方支出；（10）热情善待对方的亲朋好友，努力增加生活色彩。

参考用语：亲爱的，我爱你；今天你辛苦啦，活儿我来干；下班啦，你歇一会儿；今天有什么趣事，分享一下；你先辅导孩子功课，我来洗碗；希望你今晚做个好梦，晚安。

幸福的家庭

　　幸福的家庭是最常见的，却又是最易被忽视的；最平凡的，却又是最神秘的；最浪漫的，却又是最真实的。

　　幸福的家庭，充满了甜言蜜语，也充满了争争吵吵；充满了温馨，也充满了火药味……这就是屋檐下的战争与和平。

　　在这里，你学会了宽容；在这里，你学会了成熟；在这里，你学会了治国、平天下的最初道理；在这里，你不再体味一个人走来走去的滋味；在这里，你不再流泪。温馨的家庭，就是夫妻情缘，就是可爱的宝宝。

　　家是一个温馨而甜蜜的字眼，能把每个人的心融化。家是心中的依靠，为你撑起头顶那片蓝天；家是一叶小舟，男人划桨，女人掌舵，共创和睦美丽的家园。无论你走遍天涯海角，总有一个家在心中萦萦挂念，世界再大，还是要回家。

　　幸福的家庭，不单要有和睦的气氛，还要有成功的事业，尽管这"事业"也许并不大，但事业的成功，有助于夫妻间形成一种责任感，使得家庭更团结。事业的成功，需要夫妻双方的共同努力。

　　家有两扇门，代表夫妻双方，一人一扇，缺一不可。夫妻的"夫"，拆开是由"二"和"人"组成的，就是说丈夫是用两根绳子紧紧地拴起来的人，妻子一道，孩子一道。温馨的家，就是夫妻情缘。温馨的家，就是温柔的港湾，停靠的地方。

　　既然丈夫被妻子、孩子"拴"住了，那么，丈夫就要承担起家庭重要的责任。

　　男人必须英明，能为家庭指出未来的方向；

　　男人必须能干，要成为家庭收入的主要来源；

　　男人必须坚强，要成为家庭不倒的支柱；

男人必须胸怀宽广,有容纳百川的气魄……

幸福的家,就是夫妻共同的家。

温馨的家,是你的,是她的,也是宝宝的。这是健康幸福的家。

读书人讲"修身、齐家、治国、平天下"。对多数人来说,拥有一个幸福的家庭便一生幸福,现实得多。

妙语:幸福的家庭,不单要有和睦的气氛,还要有成功的事业。

家庭关系破裂的原因

(1)为家庭琐事,承担义务不均;(2)一方受法律惩罚;(3)志趣、性格不合;(4)家庭经济纠纷;(5)没有建立起夫妻感情,婚前了解不够,草率结婚;(6)一方患有严重疾病;(7)与前夫(妻)子女有矛盾;(8)夫妻性生活不和谐或不正常;(9)一方与对方家庭有矛盾,区别对待;(10)一方地位发生变化;(11)一方或双方生活作风有问题;(12)经常冤枉对方;(13)阻止对方尽孝;(14)一方不争气,妄自尊大,光想对方为自己服务,不考虑对方的感受。

生男生女都一样

时代不同了,男女都一样。生个男孩有名气,这是旧的意识形态。过去生产力极其低下,需要男孩下田干活。可现在是飞速发展的高科技时代,有机器人代替人的重体力劳动。生个女孩才是一种福气。我看到有少数地区有少数人刻意要男孩,生了四胎女孩还要生五胎,这是不对的。顺其自然吧,不要因为想生男孩而闹得家庭不团结、不幸福。男孩的"男",是由"田"和"力"两个字组成的,是下田出力的、劳动的。女孩的"女"是由两条

腿组成的,是盘着腿坐那玩的,是跳舞的。古人造字就是这样会意。今天是新时代,新时代要有新观念。

男女各有一片天

男人是七,女人是三。因为"男"字七笔,"女"字三笔,7加3才是完美的整数。男人加女人才能成为一个完整的家庭。

体力上男人是七,女人是三,但耐力上女人是七,男人是三。男人喜欢七分冲浪,三分靠岸。女人七分修船,三分航行。

女人喜欢用七分时间制造风景,而男人往往只用三分时间观看风景,于是女人便用七分的唠叨对待男人七分的沉默。女人占了世界七分色彩,只留下了三分给男人。

男人七分美,美在深度和真诚;女人七分美,美在风度和表情。男人说做男人十分难,难在奋斗不止,累得很;女人说做女人十分难,难在尊老抚幼,维持家庭幸福。

家里的门,男人用三分时间挤进去,女人用三分时间走出来,于是,男人七分恋世界,女人七分恋家庭。

总而言之,男女同心,形成合力,克服困难,树立信心,共创自己的安乐窝——幸福的家庭。

歌曰:
天地不老万古存,宇宙哺育夫妻恩。
生儿育女循环理,世代相传自古今。
鸾凤双栖桃花岸,鸳鸯合好庆三春。
幸福家庭子孙贤,和谐花开满园春。

编后赠言:育儿歌

千里迢迢人生路,十万落笔告战友;人能解读有字书,

下篇 教育漫话

无字天书何处有；天地玄机本在悟，自我玄机靠心修；
做人首先要吃亏，乐善好施帮助人，富有之时多慷慨，
轻财善举众人钦；投之以桃报以李，胜买保险无困境；
仁慈种子常散布，循环将会在己身，得意无忘失意日，
上台轰烈下台冷；心要常系老百姓，闹市红尘不倾心；
做人其次要糊涂，小事宜愚大事明，聪明反被聪明误，
装点糊涂好为人；机关算尽太聪明，反误前程伤己身；
交友之道宜糊涂，糊涂换得友人情，三分侠气交朋友，
为人处世心忠诚；激流勇退是明举，巅峰之时让贤人；
做人再次是忍耐，争字其中有祸根，好汉能屈又能伸，
前途远大又光明，要知地球在旋转，路留一步让行人；
教子交友宜谨慎，要走正道莫歪行；人生百年不虚度，
一寸光阴一寸金，泽润心田座右铭，立言厚望予世人；
吃亏糊涂忍耐经，成就好孩子一生；智慧能改变命运，
知识能照亮人生；左右逢源处世道，天地人和万事兴。

老师的话

一、家长应该相信孩子能学好

孩子究竟想得到父母什么？许多人都没有在意也没有考虑过这个问题。其实，孩子最想得到的是父母的信任。这是我们最容易忽视的问题。

经常听有些家长说，我们家条件不好，不能给孩子什么。你真的错了，孩子真真需要的是精神，而不是物质；是一种对生命的高度的信任精神。

传统的信任需要条件。你想叫我信任你，你就先考 100 分，这是有条件的信任。好像别人一样，看你孩子成绩好，别人才相信你的孩子能学好。而你作为父母，如果也看到孩子学好了才相信他，那你和别人有什么区别呢？

家长会说，他都成这个样子了，我怎么能相信他能学好呢？正因为孩子现在成这个样子了，所以才需要你信任。如果他已经学好了，还需要你相信吗？

我们应该怎么相信呢？如果你相信他能学好，就算现在学不好，上了初、高中以后也能学好。也许你会想，小学都没学好，更何况上了高年级？我对大学生做过调查，有许多人，他们在小学时期学习成绩都不怎么样。这个道理很简单，如果小学基础重要，岂不是可以决定人生了吗？基础固然重要，但决定孩子学习成绩的关键是信心。你只要相信这一点，就应转变认识和观念，就要相信孩子能学好。

我们要从心里相信孩子能学好，当看到孩子玩的时候就不会很着急，他会感受到你对他的信任，他的信心就慢慢建立起来了。这个信心的建立，估计不会超过一年，你要有心理准备，请不要去折腾孩子。

有一位家长说,不知咋的,孩子总是不好好学习?我回答:"最重要的原因是孩子没有信心。"他问:"什么信心?"我说:"你站在孩子的立场上想一想,如果孩子认为自己无论怎么学都不能学好,那么孩子会用功学习吗?"

各位家长,如果你也对孩子缺乏信心,先不要折腾孩子,你可以读读这本书,建立起你对孩子的信心。相信孩子不需要理由。

结论:信任孩子,孩子长大后必然更出色。

二、停止"埋地雷"式的教育

比如,想叫醒孩子,你吼道"快起床,晚了"!孩子是什么感觉?一个"快"字,一个"晚"字,你给孩子的印象是狂躁、愤怒、着急、焦虑的负面情绪,伤害着孩子的心。孩子的心会跟陷入泥潭一样恐慌,天天下去就埋下了"地雷"或者形成"冰山",一旦炸响或崩塌,后悔就晚了。你应该提前去轻轻地拍一下,小声说"起床"!如果这样做了,就是一次革命,一次唤醒!

生活中,我们要尽量给孩子带去正面情绪。比如,孩子回家跟妈说"老师说我连最差的都不如"。家长可能的回答是"当心!别学坏,老师是为了你好"。这有点在指责、落井下石的意思。一个人倒霉了,你给他添乱,又踹上一脚,这就叫落井下石。你应该说"看来老师对你重视,信任你能做好才这么说的"。这样就把负面情绪转换成正面情绪了。如果这样说了,又是一次革命,又是一次唤醒!

停止暴力语言,使用新语言教育下一代,是当前我们每一个家长的目标。这是时代的召唤,让我们向着这个目标开始努力吧!给孩子一个灿烂的明天!让孩子一步步地向着太

阳走去！

结论：自由的孩子最活泼，孩子长大后必然更出色。

三、采用和孩子的心在一起的教育

比如我们有两个孩子，这两个孩子发生了冲突，我们一般都会批评大的。大的孩子非常委屈。家长有分别对待的心理，认为大的孩子应让着小的，那大的会生气。

大孩子原来是妈妈的唯一，有个小的跟他夺爱，他心里会不舒服。我们如果能和孩子的心在一起，就能体会他的细微心理，才能恰如其分地给他爱，去释放大孩子不当的心理感受。

我现在把终极武器告诉你，当你发现孩子有问题的时候，就把这个问题假设发生在你自己身上，你希望怎么办，用同样的方法对待你的孩子。

和孩子的心在一起的教育，才是真正的教育。

家长只要俯下身子进入孩子的内心世界，低姿态出现在孩子面前，使孩子像成人一样与父母对话，这种沟通交流的形式一旦建立，的确就能创造家庭的快乐与幸福。

结论：鞭策鼓励孩子，孩子长大后必然更出色。

四、批评孩子应注意的十个方面

1. 注意场合： 最好单独进行，批评孩子时父母只能一人在场。若父母都在场，孩子不会说实话，有压力，担惊受怕，说不过两个大人，孩子改错的几率就小。更不能在公共场合或者当着亲戚朋友的面批评孩子。

2. 注意不要打孩子：要给孩子一个自由的空间去反思错误。一味地打骂，这种急于求成的批评，往往会造成孩子逆反的心理。

3. 注意批评要简单：尽量花费最短的时间，尽快结束不愉快的感觉，因为批评孩子时无论是大人还是孩子都不高兴。

4. 注意听孩子的解释：给孩子一个申诉的机会，让批评更有针对性。

5. 注意不能翻旧账：这次的错误不能和其他的错误扯在一块，扯在一起批评，只能让孩子不承认这次错误，甚至对你抵抗。事实求是，不要撕下孩子的遮羞布，强加莫须有的罪名。

6. 注意沉默：心平气和地启发孩子后，家长沉默，孩子会感到"不自在"，自然很快会明白家长的用意，进而反省自己的错误。

7. 注意安慰：受批评的孩子情绪低落，要让孩子感到父母依然深深地爱他。

8. 注意自己的情绪：家长的不满，可能产生不公正的批评，甚至说"就你没出息"或者"就你不争气"等，这样的话，有可能激化矛盾。

9. 注意鼓励：先表扬后批评，促使孩子尽快改正错误，引导孩子更上一层楼。

10. 注意小声：低于平常的声音批评孩子，会引起孩子的注意和重视，不抵抗。

如果能正确地批评孩子，就能够让孩子改错快而且不逆反，错误地批评孩子，不仅不能让孩子进步，反而会使其产生自卑或者叛逆心理。

结论：说服教育孩子，孩子长大后必然更出色

五、学习宋江的人格之道

为什么黑三郎宋江不文不武，既矮又丑，却有收服天下好汉的本领？

老师的话

这就是尊重人格。宋江有尊重人性的沟通方法，他的终极武器就是两个字"人格"。在当时那个社会，宋江识字不多，算是文化人。但他懂得尊重人，让一个个像武松一样的人都听命于他。

在柴家庄上，处于逃难又没有读过书的武松，第一次遇到宋江。吃饭的时候，宋江要求武松与自己同坐上席。这在那个社会，身处困境的武松第一次受到知识分子宋押司如此的尊重，算是了不起了。这在武松的灵魂深处，人格的满足感油然而生，从此拜宋江为大哥，终身效命。在征讨方腊的战役中，立头功，活捉方腊。

这给今天的人们教子带来启示，古为今用，人格的革命能给我们教子带来成功。把这个故事写在本书的结尾，意在强调尊重孩子。教子有方，真方就是《唤醒孩子的人格自信》。

怎么学习人格之道？怎么唤醒孩子？例如，在孩子作业上批注"看到你写的作业，我仿佛听到了你前进的脚步声"。这样做孩子就能受到鼓舞。

孩子每天吃的食物，虽然不知道有什么营养，但使孩子的身体一天天长高；使用新理念教育孩子，虽然不知道有什么作用，但使孩子的大脑在一天天增强。

现在的孩子，光用规则教育和正面教育恐怕不行，结合我提供的人格教育，孩子才能认可、听话。这种新的教育方式，是影响孩子一生的教育。

结论：尊重孩子的人格，孩子长大后必然更出色。